制造业先进技术系列

盾构推进系统布局设计方法

邓孔书　王焕功　著

机械工业出版社

本书首先介绍了盾构的发展历程、国内外相关研究成果和土压平衡盾构推进系统的研究现状，建立了盾构推进系统的力学模型，构建了均匀地层和复合地层下的盾构推进系统空间力椭圆模型；之后对该空间力椭圆模型的传递特性进行了分析，提出了推进系统力传递评估方法及指标；最后介绍了盾构推进系统的结构特性分析和设计优化方法，并给出了相关地铁隧道施工建设的实际案例。

本书可供高等院校机械工程相关专业的高年级本科生和研究生使用，也可供从事工程设计、优化评估等方面的工程技术人员和科研人员参考。

图书在版编目（CIP）数据

盾构推进系统布局设计方法/邓孔书，王焕功著. —北京：机械工业出版社，2019.12

（制造业先进技术系列）

ISBN 978-7-111-64466-8

Ⅰ.①盾… Ⅱ.①邓…②王… Ⅲ.①隧道施工–盾构法 Ⅳ.①U455.43

中国版本图书馆 CIP 数据核字（2019）第 292374 号

机械工业出版社（北京市百万庄大街22号　邮政编码100037）
策划编辑：王永新　责任编辑：王永新
责任校对：张　薇　封面设计：马精明
责任印制：张　博
三河市国英印务有限公司印刷
2020年1月第1版第1次印刷
169mm×239mm・11.25 印张・8 插页・162 千字
0001—1000 册
标准书号：ISBN 978-7-111-64466-8
定价：89.00 元

电话服务	网络服务
客服电话：010-88361066	机　工　官　网：www.cmpbook.com
010-88379833	机　工　官　博：weibo.com/cmp1952
010-68326294	金　　书　　网：www.golden-book.com
封底无防伪标均为盗版	机工教育服务网：www.cmpedu.com

前　言

在现今的隧道施工建设领域，盾构法因具有安全性高、噪声小、不会造成地面沉陷和机械自动化程度高等优点，在工程实践中得到了越来越广泛的应用。以往人们对盾构推进系统掘进过程中各个掘进参数的相关性、推进系统参数的优化设计、推进系统的液压与控制等方面进行了理论分析，但并没有对推进系统的布局设计方法给出相关的理论说明。本书针对此问题，创新性地提出了推进系统空间力椭圆模型、力传递评估方法、承载特征线、变形空间椭圆模型、振动固有频率线以及等差和几何级数布局设计方法。而基于这一整套盾构推进系统力传递特性和结构特性的理论体系，本书提出的方法也可以为具体的工程实践提供一定的理论指导。

相较于国内外同类型书籍，本书的优势主要体现在以下几个方面：

1）本书在盾构推进系统力传递特性和结构特性方面的研究有很大的创新性，提出的力传递评估方法（偏心率"树干"法、推力变化相对系数法和推力变异系数法）对推进系统布局优化的评价具备较高的指导意义。

2）本书极具创新性地提出了复合地层下推进系统非均匀布局设计理念。在国内很多的隧道施工过程中，盾构推进系统往往以均匀布局为主，非均匀布局设计少之又少，而在复杂的地质条件下推进系统非均匀布局设计相比于均匀布局设计在抗偏载、抗变形等方面具有更优越的特性。因此，本书旨在为我国盾构推进系统布局设计的革新提供实质性的理论基础。

3）本书从力学建模、力传递特性和结构特性分析、力传递评估方法以及布局设计方法等方面形成了一套完整的理论体系，而各理论分支相互贯通，为最终成功设计一套推进系统布局方案提供了明确的方法。

本书的内容为作者十余年来的研究成果，内容完整详实，具有较强的指导性和实用性。

本书得到了湖南科技大学一流学科建设经费，湖南科技大学学术著作出版基金，湖南省自然科学基金项目（2018JJ2122），湖南省教育厅科研项目（18A181），湖南省学位与研究生教育教学教改研究项目（J81202），重点科研平台（道路施工技术与装备教育部重点实验室）开放基金项目（300102259509）的资助，在此表示衷心的感谢。

本书由邓孔书博士和王焕功博士共同负责制定提纲和全书的撰写工作。研究生丁一成、蒙帮梁、向聪、尹祝融、曾露为本书做了大量的基础工作，在此对他们的付出表示感谢。在本书撰写过程中，作者参考和引用了国内外相关文献，并将其列在各章的参考文献中，在此对这些文献的作者表示诚挚的感谢。此外，本书的撰写还得到了湖南科技大学机电工程学院赵前程教授和相关学者的中肯意见以及国内隧道施工建设领域相关专业人士的热心帮助和指导，在此向这些专家学者一并表示真诚的感谢。

由于作者水平有限，书中难免有不妥之处，敬请读者批评指正。

邓孔书　王焕功

目 录

前 言

第1章 绪论 **1**

1.1 引言 1

1.2 盾构的发展历史及研究状况 4

　1.2.1 盾构发展历史 4

　1.2.2 国外盾构研究状况 7

　1.2.3 国内盾构研究状况 9

1.3 土压平衡盾构推进系统研究 11

参考文献 17

第2章 推进系统力学建模 **22**

2.1 推进系统受力分析 22

　2.1.1 推进系统掘进阻力分析 22

　2.1.2 推进系统水平阻力矩分析 28

　2.1.3 推进系统纵向阻力矩分析 29

2.2 推进系统力学模型构建 32

2.3 本章小结 33

参考文献 34

第3章 推进系统力传递特性分析 **35**

3.1 均匀地层下推进系统空间力椭圆模型构建及力传递特性分析 ... 35

　3.1.1 均匀系统空间力椭圆模型构建及力传递特性分析 35

3.1.2　四分区系统空间力椭圆模型构建及力传递特性分析 ……… 39
　　3.1.3　非均匀系统空间力椭圆模型构建及力传递特性分析 ……… 44
　　3.1.4　空间力椭圆模型应用 ………………………………………… 49
3.2　复合地层下推进系统空间力椭圆模型构建及力传递特性分析 … 57
　　3.2.1　推进系统偏心率"树干"模型构建及力传递特性分析 …… 57
　　3.2.2　推进系统偏心率圆锥面模型构建及力传递特性分析 …… 59
　　3.2.3　推进系统适应性模型构建及力传递特性分析 ……………… 63
3.3　本章小结 …………………………………………………………… 66
参考文献 …………………………………………………………………… 67

第4章　推进系统力传递评估方法及指标 ……………………………… 69
4.1　偏心率"树干"法 ………………………………………………… 69
4.2　推力变化相对系数法 ……………………………………………… 76
4.3　推力变异系数法 …………………………………………………… 90
4.4　本章小结 …………………………………………………………… 96
参考文献 …………………………………………………………………… 96

第5章　推进系统设计及应用 ……………………………………………… 98
5.1　盾构推进系统承载能力分析 ……………………………………… 98
　　5.1.1　获取基于空间力椭圆模型的承载系数 ……………………… 98
　　5.1.2　推进系统力承载系数特性分析 ……………………………… 99
　　5.1.3　盾构推进系统承载特征线模型的应用 ……………………… 101
5.2　基于变刚度推进系统变形特性分析 ……………………………… 106
　　5.2.1　盾构推进系统变形椭圆模型构建 …………………………… 106
　　5.2.2　均匀系统变形特性分析 ……………………………………… 109
　　5.2.3　非均匀系统变形特性分析 …………………………………… 111
　　5.2.4　复合地层下推进系统变形树干模型构建 …………………… 114
5.3　基于变刚度推进系统振动固有频率特性分析 …………………… 117

5.3.1 推进系统振动模型构建 …… 117
5.3.2 推进系统振动频率线构建 …… 121
5.4 均匀地层下推进系统布局设计优化方法及应用 …… 126
5.4.1 推进系统布局设计总体性评价指标 …… 126
5.4.2 均匀地层下盾构非均匀推进系统布局优化设计 …… 129
5.4.3 均匀地层下盾构分区推进系统布局优化设计 …… 137
5.5 复合地层下推进系统布局设计优化方法及应用 …… 145
5.5.1 等差布局设计 …… 145
5.5.2 几何级数布局设计 …… 148
5.5.3 北京、石家庄等城市地铁隧道施工建设案例 …… 152
5.5.4 德国杜塞尔多夫城市地铁隧道施工建设案例 …… 159
5.6 本章小结 …… 167
参考文献 …… 168

第1章

绪 论

1.1 引 言

随着国民经济的飞速发展,城市化进程不断加快,城市人口和机动车保有量不断增加,城市交通状况逐渐恶化,交通阻塞和乘车困难已成为困扰城市居民出行与制约城市发展的一大难题。城市中传统的地面交通因运输量小、速度慢等原因,已无法满足城市客运发展的需要。国内外的经验表明,发展轨道交通不但能有效地解决城市交通问题,还能促进城市建设、繁荣城市经济和加速实现城市现代化。因此,城市轨道交通系统已经成为衡量城市现代化的一个重要标志。

地铁作为城市轨道交通系统的重要组成部分,因其具有高速、安全、准时、载客量大、不受外部气候条件限制、降低地面噪声、减少城市污染等特点,所以修建地铁已成为当今解决城市交通拥挤最有效的手段之一。与此同时,随着我国国民经济的快速发展和各城市经济实力的增强,地铁的广泛应用已成为必然趋势。目前,我国各级城市都已建成或规划建设地铁。因此,21世纪是中国城市轨道交通的新纪元,地铁交通系统的建设将促使城市的进一步发展。

当前城市地区隧道工程主要采用明挖法和矿山法施工,而这两种方法破坏作用巨大且产生噪声、振动等公共危害，尤其是当隧道需穿越河流、建筑物时，明挖法更是无能为力。而盾构法因其先进的施工工艺和施工技术，以及在施工过程中对周围环境影响小、自动化程度高、施工快速、施工安全性高、不受气候及地面交通影响等优点而受到人们的重视，成为城市地下隧道的主要修建方法之一，并越来越多地被应用于地铁、越江公路隧道、输水隧道以及地下管线等隧道工程的施工中。

近年来随着国内外盾构设备技术水平的提高，盾构设备在工程成本中所占比重不断下降，盾构法的工程造价已接近甚至低于矿山法施工和明挖法施工，特别是在地层条件差、地质情况复杂、地下水位高等情况下，盾构法更具有明显的技术经济优越性。随着我国新一轮城市基础设施大规模建设高潮的到来，地铁的建设将呈高速增长之势，从长远来看，盾构隧道技术在城市地铁建设中的应用前景将十分广阔。

盾构是在可移动钢结构护盾掩护下完成开挖、排碴、衬砌等掘进作业的光机电液一体化大型复杂设备。盾构由刀盘刀具、压力平衡、推进、护盾、管片拼装、排碴、纠偏和动力等多个系统组成，可实现复杂地质条件和多场耦合等地下极端服役环境中的自动化和工厂化隧道作业。以盾构为核心的一整套完整的隧道施工方法称为盾构法，如图 1.1 所示。盾构法的设想于 19 世纪初产生于英国，距今已有 200 年的历史。

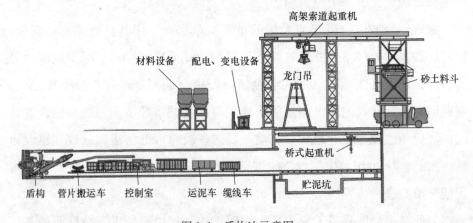

图 1.1　盾构法示意图

盾构法之所以被广泛采用,是因为该施工法与其他施工法相比有如下五方面的优点:①可在盾构的支护下安全地进行开挖和衬砌;②不妨碍地面交通;③在地下施工时没有振动和噪声,对周围居民没有干扰;④在较高地下水位地质条件下施工,盾构法与压缩空气或加压泥水并用,一般情况下,由于地下水位不用降低,因此地面沉陷较小,对周围建筑物影响小;⑤采用全机械化盾构,可提高掘进速度,并大大减少繁重的体力劳动。日本研究人员对 74 条已完工的隧道进行了统计,掘进速度比较见表 1-1、表 1-2。比较表 1-1 中的普通施工和机械化盾构施工可以看出,机械化盾构施工掘进速度无论是平均日掘进还是最高日掘进都远远高于普通施工。同时,由表 1-2 可以看出,在洪积黏土中进行普通施工最高日掘进达到 14.4m;在冲积砂夹淤泥中,普通施工平均日掘进 3.2m。把表 1-2 中的这两个最值和表 1-1 采用机械化盾构施工的平均日掘进速度和最高日掘进速度比较,可以看出在不同地质条件下进行施工,机械化盾构施工比普通施工在速度上占有绝对的优势。

表 1-1 铁路隧道普通施工与机械化盾构施工速度

类别	隧道类别	隧道条数	平均日掘进/m	最高日掘进/m
普通施工	单线隧道	50	2.4	14.4
	双线隧道	11	2.1	6.3
	车站	7	1.7	4.5
机械化盾构施工	单线隧道	5	3.8	17.6
	双线隧道	1	4.3	15

表 1-2 普通施工在不同地质条件下的单线隧道施工速度

地质条件	隧道条数	平均日掘进/m	最高日掘进/m
洪积砂、洪积砂夹砾石	14	2.8	8.0
洪积砂质淤泥	4	1.8	9.0
洪积砂、洪积泥质泥土	6	2.2	7.2
洪积黏土	6	2.2	14.4
冲积砂夹砾石	3	2.2	7.2
冲积砂夹淤泥	2	3.2	7.2
冲积泥、冲积泥土	15	2.1	8.1

1.2 盾构的发展历史及研究状况

1.2.1 盾构发展历史

1818年，英国工程师布伦诺尔（Marc Isambard Brunel）设计出一种挖掘机，在泰晤士河底下挖掘隧道。他曾观察一种名叫凿船虫的软体动物，发现这种虫子利用圆管形硬壳支撑孔洞四周的泥土，不断向前钻进。于是他受到启发，制造了一个箱形铁壳，利用液压缸在松软的土壤中向前推进，挖掘工人则在铁壳内一面挖掘，一面在隧道内壁衬砖，这便是人类的第一台盾构，如图1.2所示。

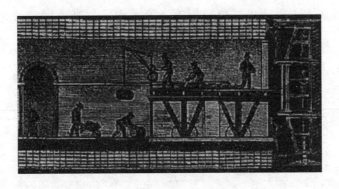

图1.2 布伦诺尔发明的盾构法

布伦诺尔对自己的盾构法非常自信，并于1823年拟定了在伦敦泰晤士河下面挖掘一条隧道的计划，随后这个计划由当时的国会确认，工程于1825年开工。隧道长458m，隧道横断面为11.4m×6.8m。但由于掘进过程中遇到巨大的水压和地层下沉作用，工程被迫中止。后来经过7年的盾构改进和7年的精心施工，隧道终于在1841年贯通。

在当时的盾构施工中，多次由于巨大的水压迫使施工停止。因此，1830年由劳德考克让施（Lord Cochrance）发明了施加压缩空气防止涌水的"气压法"。

1874 年 James Henry Greathead 在伦敦地铁南线的隧道建设中采用了气压盾构法的施工工艺，并首创了在盾尾后面的衬砌外围环形空隙中注浆的施工方法，采用流体支撑开挖面，把挖出的弃土以泥水流的方式排出。

19 世纪末到 20 世纪中叶，盾构法相继传入美国、法国、德国、日本、苏联等国，并得到不同程度的发展。美国于 1892 年最先开发了封闭式盾构，同年法国巴黎使用混凝土管片建造了下水道工程。1896 年 Haag 在柏林第一次申请了德国泥水式盾构的专利，形成了现代泥水式盾构的雏形，推动了盾构施工技术的发展。1913 年德国建造了断面为马蹄形的易北河隧道。1917 年日本开始在国铁羽越线的折返段隧道施工中引进盾构法，后因地质条件差而停止使用。1931 年苏联用英制盾构建造了莫斯科地铁隧道，施工中使用了化学注浆法和冻结法。1939 年日本正式在国铁关门隧道应用盾构法施工，为日本盾构技术的发展奠定了基础。1967 年由英国提出的泥水加压系统在日本得到了实施，日本成功研制第一台有切削刀盘、水力出土的泥水加压式直径 3.1m 盾构。1974 年日本独创性地研制出土压平衡盾构，同时德国 Wayss 和 Freytag 也研制出颇具特点的膨润土悬浮液支撑开挖面的泥水平衡式盾构。之后，盾构技术得到了迅猛发展，已成功应用于各种公路隧道、地铁隧道、引水隧道以及市政公用设施隧道等。表 1-3 详细列出了盾构的发展历史。

表 1-3 盾构发展历史

年代	国家、地点	内容
1818	英国伦敦	M. I. Brunel 提出盾构法获得专利
1830	英国	T. L. Cochrane 发明气闸，获得专利
1869	英国伦敦	J. H. Greathead 在泰晤士河地铁中首先使用压气圆形断面盾构
1879	英国伦敦	J. Thomson 提出使用机械盾构
1891	美国巴尔的摩	使用长方形盾构
1892	美国巴尔的摩	使用封闭式盾构
1896	法国巴黎	使用椭圆形盾构
1896	英国伦敦	J. Price 设计出接近现在盾构的机械盾构

(续)

年代	国家、地点	内容
1913	德国易北河	使用马蹄形盾构
1915	英国	使用压气法
1939	日本	关门隧道中使用 $\phi7m$ 的手掘式压气圆形断面盾构
1948	苏联列宁格勒	地铁中使用机械盾构，同时开发列宁格勒、基辅盾构
1953	日本	关门隧道中采用半机械盾构
1954	中国阜新	$\phi2.6m$ 圆形断面盾构法疏水道
1957	中国北京	$\phi2.6m$ 盾构法下水道
1960	英国伦敦	使用滚筒式掘进机
1960	美国纽约	Beach 首次使用液压缸盾构
1961	法国	提出水压封闭式盾构（与泥水加压盾构原理相同）
1963	中国上海	网格挤压式盾构
1964	日本琦玉	使用泥水盾构，钢筋混凝土管片
1966	中国上海	打浦路越江隧道 $\phi10.22m$，网格式水力出土盾构
1965	日本东京	地铁9号线中使用挤压盾构
1972	日本	开发土压盾构
1974	日本	开发卵石泥水盾构
1975	日本	开发泥土加压盾构
1978	日本东京	开发使用高浓度泥水盾构
1981	日本	开发气泡盾构
1982	日本东京	$\phi10.58m$ 泥水盾构
1984	中国上海	延安东路隧道 $\phi11.3m$ 网格式水力出土盾构
1992	日本东京	自由断面盾构功能验证实验成功
1994	日本神奈河	球体盾构横掘成功
1994	日本东京	矩形盾构问世
1996	日本	可以现场更换刀头的球体盾构问世
1996	日本	东京地铁7号线 $\phi14.18m$ 母子泥水盾构开发成功
1997	日本	分岔盾构研制成功
1997	日本	扩径盾构开发成功
1999	日本	$\phi11.52m$ 土压盾构问世
1999	日本	纵双连分岔泥水盾构开发成功
2001	日本	可以再利用双重构造盾构开发成功
2002	日本	内舱引拔利用型盾构开发成功
2003	日本	摆动式矩形盾构
2003	日本	双模盾构的开发及实用化

1.2.2 国外盾构研究状况

纵观国外盾构发展历史，现代盾构的改进都是围绕3个要素：①地层稳定和地面沉降控制；②机械化、自动化掘进和掘进速度；③衬砌和隧道质量。这三个要素是进行盾构改进和施工方法革命的关键。

目前国外盾构发展趋势可以归纳为以下几个特点：

1）大直径、长距离化。英法两国共同建造的英吉利海峡隧道，长48km，采用ϕ8.8m的土压平衡盾构，于1993年竣工。日本东京湾隧道，长15.1km，采用ϕ14.14m泥水盾构，于1996年竣工。丹麦斯多贝尔特海峡隧道，长7.9km，采用ϕ8.5m土压平衡盾构，于1996年竣工。德国易北河第四隧道，采用ϕ14.2m复合盾构，于2003年竣工。荷兰格雷恩哈特隧道，采用ϕ14.87m泥水式盾构，于2004年竣工。第二条英吉利海峡隧道，采用ϕ15m土压平衡盾构，于2003年动工，于2008年竣工。表1-4是世界各国超大断面盾构隧道分布状况，从表中可以看出国外已经开发出大直径大推力大力矩盾构。表1-4中，中国上海长江隧道是采用两台德国海瑞克公司制造、上海隧道工程股份有限公司组装的ϕ15.43m泥水盾构进行施工建造，这是当时世界上最大直径的泥水盾构。

表1-4 世界各国超大断面盾构隧道分布状况

国家	隧道名称	隧道直径/m	盾构类型	建成时间/年
日本	东京湾道路隧道	ϕ14.14	泥水	1996
日本	东京地铁7号线南麻布工区	ϕ14.8	泥水	1996
德国	易北河隧道	ϕ14.2	复合	2003
荷兰	格雷恩哈特隧道	ϕ14.87	泥水	2004
英国、法国	英吉利海峡隧道	ϕ15	土压	2008
中国	上海长江隧道	ϕ15.43	泥水	2008

2）盾构多样化。从隧道断面形状上可以分为：圆形、半圆形（半盾构）、矩形、马蹄形、椭圆形、多圆搭接形（双圆搭接、三圆搭接，

图1.3）等多种异圆断面盾构。其中圆形是抵抗土压、水压较理想的断面形式，在使用盾构进行隧道施工建设中采用的数量最多；半圆形盾构用作隧道开挖中拱部的临时支撑；矩形和马蹄形盾构的形状虽更接近隧道限界，但前进阻力在四周分布不均，操作不便，所以用得不多。从功能上讲，国外已经出现了球体盾构（图1.4）、母子盾构、扩径盾构、变径盾构、分岔盾构、途中更换刀具（无需竖井）盾构、障碍物直接切除盾构等特种盾构；从盾构的掘削方式上看，出现了摇动、摆动掘削方式的盾构，打破了以往传统的旋转掘削方式。

图1.3 双圆（DOT）盾构

图1.4 球体盾构

3）施工自动化程度高。施工设备出现了管片供给、运送、组装自动化装置；盾构掘进中的方向、姿态自动控制系统；施工信息化、自动化的管理系统及施工故障自诊断系统。

4）盾构的科技含量越来越高。液压驱动和电液比例控制技术、遥控技术、激光雷达技术、卫星制导技术、现场总线控制技术、摄像及视觉信号处理技术等现代高新技术成果不断得到应用。

5）泥水盾构、土压平衡盾构是当前盾构的主流产品，但有些技术细节有待改进和提高，许多已问世的新方法、新工艺尚待完善。

1.2.3 国内盾构研究状况

20世纪50年代，东北阜新煤矿用ϕ2.6m的手掘式盾构及小型混凝土预制块修建疏水巷道，这是我国首条用盾构施工的隧道。1957年，北京市下水道工程采用ϕ2.0m和ϕ2.6m的盾构进行施工。

20世纪60年代，盾构技术在我国逐渐得到了发展与应用。1963年，上海隧道工程股份有限公司（简称上海隧道股份）结合上海软土地层对盾构、预制钢筋混凝土衬砌、隧道掘进施工参数、隧道接缝防水进行了系统的实验研究，研制了一台ϕ4.2m的手掘式盾构，进行浅埋和深埋隧道掘进试验，隧道掘进长度68m。1965年，由上海隧道工程设计院设计、江南造船厂制造的两台ϕ5.8m的网格挤压式盾构，掘进了两条地铁区间隧道，掘进总长度1.2km。1966年，上海打浦路越江公路隧道工程主隧道采用由上海隧道工程设计院设计、江南造船厂制造的我国第一台ϕ10.2m网格挤压式盾构施工，辅以气压稳定开挖面，在黄浦江底顺利掘进隧道，掘进总长度1332m。

20世纪70年代，上海金山石化总厂采用一台ϕ3.6m和两台ϕ4.3m的网格挤压式盾构建设一条污水排放隧道和两条引水隧道，掘进了3926m海底隧道，并首创了垂直顶升法建筑取排水口的新技术。

20世纪80年代，盾构技术在我国取得了较大的发展。1980年，上海市进行了地铁 1 号线试验段施工,研制了一台 $\phi 6.41m$ 的刀盘式盾构,后改为网格挤压式盾构,在淤泥质黏土地层中掘进隧道 1230m。1984 年,上海延安东路越江隧道工程 1476m 圆形主隧道采用上海隧道股份设计、江南造船厂制造的 $\phi 11.3m$ 网格式水力机械出土盾构。1987 年,上海隧道股份成功研制了我国第一台 $\phi 4.35m$ 加泥式土压平衡盾构,用于市南站过江电缆隧道工程,穿越黄浦江底粉砂层,掘进长度 583m,技术成果达到 20 世纪 80 年代国际先进水平,并获得 1990 年国家科技进步一等奖。

20 世纪 90 年代以来,盾构技术在我国得到了大力发展。90 年代初,上海隧道股份自行设计制造了六台 $\phi 3.8m \sim 6.34m$ 土压平衡盾构,用于地铁隧道、取排水隧道、电缆隧道工程等施工建设,掘进总长度约 10km。2000 年 2 月,广州地铁 2 号线珠海广场至江南新村区间隧道采用上海隧道股份改制的两台 $\phi 6.14m$ 复合土压平衡盾构,在珠江底风化岩地层中掘进。

虽然目前我国无论是在盾构设计和制造,还是在盾构施工方面,都取得了举世瞩目的成绩,但我国盾构方面的关键技术与国际先进水平还存在很大的差距,主要表现在:

1)在压力平衡技术方面,国际上已有针对不同地质的土压平衡、泥水平衡、气压平衡和复合平衡等技术,而国内目前仅掌握单一土层的土压平衡技术。

2)在整体结构设计方面,国际上已研制出可曲折盾体和组合刀盘等新结构,解决了异形断面和复线隧道的一次性掘进问题,而国内仅掌握单体结构掘进设备的设计技术。

3)在测控技术方面,发达国家已掌握地下环境中的精确光学和惯性测量技术,土压和地层扰动的实时监测技术,以及基于测量反馈的液压驱动和导向纠偏技术,而国内掘进设备仍以人工操作为主,自动化程度较低。因此,目前盾构设备的核心技术主要由德国、日本和美国的少数跨国公司所垄断,我国仅掌握单一软土土压平衡盾构的设计制造技术,绝大多数盾构设备还要依赖进口。因此,针对盾构设计和制造中的关键技术开展理论研究，探讨盾构设计方法具有重要的实际应用价值。

1.3　土压平衡盾构推进系统研究

　　土压平衡盾构是目前隧道施工运用比较广泛的盾构设备。因为土压平衡盾构具有成本相对较低、出土效率高、适用地层范围广等优点，所以在我国各类隧道施工中得到广泛的应用。目前上海、北京、南京等地铁施工中，基本上都采用土压平衡盾构，并取得了不错的效果。

　　土压平衡盾构是由日本在 20 世纪 70 年代初就开始开发的一种盾构。1974 年第一台土压平衡盾构在东京被采用。该盾构是由日本制造商 IHI（石川岛播磨）设计的，其外径为 3.72m，用它掘进了 1.9km 长的主管线。

　　以后很多制造厂商以土压盾构、压力保持盾构、软泥盾构、土壤压力盾构、受压的土壤盾构、泥压盾构，或泥浆状的土壤盾构等名称生产了"土压平衡盾构"。所有这些名称的盾构基本上都应用了同一种系统——国际上称为"土压平衡系统"（EPB）。此系统可谓是闭胸挤压式及泥浆盾构的合成。如图 1.5 所示，土压平衡盾构主要分为三个关键部分：

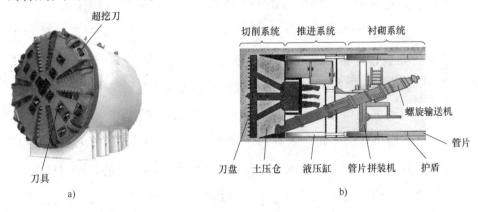

图 1.5　土压平衡盾构结构示意图
a) 刀具和超挖刀　b) 土压平衡盾构三个关键部分

1）切削系统。主要由刀盘及其安装在其上的刀具和刀盘驱动系统组成。刀盘是一个带有多个进料槽的切削盘体，位于盾构的最前部，用于切削土体，具有一定的开口率。不同的盾构具有不同的开口率，盾构开口率可以根据地质条件或掘进状况进行调节。刀盘也是盾构上直径最大的部分，一个带四根支撑幅条的法兰板用来连接刀盘和刀盘驱动部分，刀盘上可根据被切削地质的软硬而选择安装硬岩刀具或软土刀具，刀盘的外侧还装有超挖刀，盾构在转向掘进时，可操作超挖刀液压缸使超挖刀沿刀盘的径向方向向外伸出，从而扩大开挖直径，这样易于实现盾构的转向。刀盘上安装的所有类型的刀具都由螺栓连接，可以从刀盘后面的泥土仓中进行更换。刀盘驱动系统由螺栓牢固地连接在前盾承压隔板的法兰上，它可以使刀盘在顺时针和逆时针两个方向上实现低速无级变速。刀盘驱动主要由若干组传动副和主齿轮箱组成。

2）推进系统。主要由推进液压缸和动力供给液压系统组成，在盾构内侧的周边位置均匀布置了由盾构隧道掘进直径和地质条件决定的几十台推进液压缸，推进液压缸一端安有塑料撑靴，撑靴顶推在后面已安装好的管片上，通过管片的反作用力可以提供给盾构向前的掘进力。为了减少控制的成本或复杂程度，通常将这些液压缸按上下左右分成B、D、C、A四区。掘进过程中，在操作室中可单独控制每一区液压缸的压力和流量，这样盾构就可以实现左转、右转、抬头、低头或直行，从而可以使掘进中盾构的轴线尽量吻合隧道设计轴线。

3）衬砌系统。主要由管片拼装机组成。管片拼装机是一套由液压系统驱动的六自由度机构，可以使用有线的或遥控的控制器操作管片拼装机，实现管片的准确拼装定位。管片拼装成型后，管环之间及管环的管片之间都必须密封，用以防水。管片之间及管环之间都由高强度的螺栓连接。

盾构法修建隧道的最直接定义就是利用刀盘旋转切削土体并由液压缸推动盾构前进。盾构推进系统承担着整个盾构的机械推进任务，完成盾构的转弯、曲线行进、姿态控制、纠偏以及同步运动。因此，对盾构推进系统的分析和设计非常重要，推进系统的设计直接影响到修建隧道的施工质量与工期。

  从盾构的诞生到如今盾构施工的大量采用，国内外对盾构推进系统的研究从没有停止过。国外主要研究包括：20 世纪 80 年代美国 Nelson 等人通过对布法罗地下隧道施工中盾构掘进产生的振动振幅和频率进行了测量和研究，并采用质点峰值速度和频率对振动进行描述和研究；国外学者 Flanagan 也对盾构掘进时产生的振动进行了分析；由于盾构掘进所需推力巨大和盾构作业环境的极其复杂性，因此目前工程中所用的盾构推进系统都采用液压系统来实现动力的传递、分配及控制。液压系统的液压油具有可压缩性，故盾构在掘进过程中，刀盘就如同安装在一个巨大的弹簧上，随着液压缸的向前推进，液压弹簧的刚度不断减小，给盾构施工带来较多的问题，1983 年英国道路运输研究实验室 R. A. Snowdon 等人对推进系统变刚度与系统推力、刀具切深、刀具间距、切削比能的关系进行了研究；2001 年日本学者西林聖武对盾构掘进过程中推进系统所需推力进行了深入的研究；2002 年法国学者 A. L. Pellet-Beaucour 等人通过实验测试，对微型盾构掘进时推进系统所需克服的摩擦阻力影响因素进行了深入研究；Yeh I 等人对盾构推进系统的控制进行了深入的研究；Vinai R 等人对盾构掘进过程中掘进参数的影响进行了研究。国内主要研究包括：2005 年北京交通大学的宋克志将比能概念用于整个刀盘，研究刀盘的切割比能，并将其理论应用到实际工程中，并获得了与切割比能有关的推进参数优化结论，但其没有考虑变刚度的影响情况；浙江大学的杨华勇教授带领他的团队从整个设备受到的载荷特点考虑，针对推进系统的液压控制方法进行了研究，并取得了丰硕的成果；中铁隧道的郑志敏对给定地质条件下，推进系统参数配置进行了探讨；中铁隧道的贾连辉等人对 $\phi6.39m$ 的复合土压平衡盾构的推进系统进行了设计与控制分析；2008 年 Mo 等人通过推进系统姿态调整对管片施工质量影响进行深入分析；北京交通大学的谭忠盛等人对盾构掘进时推进系统姿态控制及管片防裂损技术进行了研究；同济大学的徐前卫等人通过盾构缩尺实验研究了推进系统掘进参数及其他参数的内在联系;同济大学的周奇才等人通过研究专家系统并将其应用于推进系统自动控制领域,上海隧道工程股份有限公司的傅德明对推进系统推力与其他盾构施工参数之间的关系进行了深入的实验研究,朱中意在上海轨道交通设计改造项目中,工程项目隧道直径由 6.2m 扩大为 6.6m,扩径后盾构适应性与原盾构存在较大差别,工程详细介绍了基于原有的盾构对其进行扩径改造方案,为后续盾构施工改造提供工程经验。邓聪颖、余海东等通过对盾构推进系统进行模型简化,构建了推进系统分区模型,对分区推进系统力学性能进行研究,提出采用不同的分区形式实现盾构的适应性设计,以达到推进系统在复杂地质条件下降低突变负载对推力的影响,减少偏载和推力。

因此,归结以上国内外研究方向主要集中在以下几点:①盾构推进系统掘进过程中,各个掘进参数的相关性研究;②推进系统参数的优化设计;③根据给定的地质条件和施工要求,对推进系统推力参数进行估算,为推进系统设计提供理论依据;④推进系统的液压系统设计与控制;⑤推进系统的自动控制研究。而国内外研究较少涉及盾构推进系统本身的力学模型,推进系统掘进过程中结构与力传递关系,掘进中结构与振动关系等方向。

推进系统是盾构中的重要组成部分,对提高盾构施工质量有决定性的影响。盾构的推进系统由液压设备和盾构液压缸组成。液压缸数量由设计总推力和液压缸的类型决定,其直径宜小不宜大,故采用高压液压系统提供动力,其位置一般均匀地安装在盾壳支撑环的内周,方向与隧道轴线平行。由于盾构在地下工作,掘进过程中会受到土层中的各种阻力,为确保盾构能够正常掘进,首先必须由推进系统克服推进过程中所遇到的各种阻力。考虑盾构具有大功率、变负载和动力远距离传递与控制等特点,推进系统都采用液压系统来实现动力的传递、分配与控制。

对于未来盾构推进系统的发展方向主要集中在以下四点:

1)目前盾构掘进速度一般为 0.06m/min,因此需要进一步提高推进系统液压缸推进速度至 0.1m/min。

2）开发出能够实现全时掘进的盾构推进系统。

3）研制开发在大坡度、小曲率半径线路上施工的盾构。现代城市交通拥挤问题，带动了轨道交通建设的飞速发展，在轨道交通线路的选择上，由于受规划及地面建筑物的制约，轨道交通的线形越来越复杂。路线规划人员在隧道路线设计时，要尽量避开地面上古建筑和深基础的高层建筑，这就使得盾构需要小半径的曲线掘进。而小半径的曲线掘进，容易引起推进系统过大偏载，最后导致推进系统后方的管片被压溃。

4）自动化程度较低，控制精度不高。现有的大型盾构推进系统，为降低控制复杂程度或成本，通常将所有均匀布局的推进液压缸分成多个分区，常见的四分区按上下左右分成 B、D、C、A 四区。目前分区数目的理论研究和工程实践主要有：于睿坤等在法国盾构的基础上，对直径为 6.8m 含 22 台液压缸的推进系统分为四个分区，考虑到盾构自重，在下分区分配了更多的液压缸，左右分区液压缸数量相等。同时基于此考虑，庄欠伟等也将 32 个液压缸的推进系统分为 6、8、10、8 的分布。此外，也有不一定按照下多上少分区理论进行设计，王朝义在成都地铁 1、2 号线中，基于该工程中上下两个分区受到负载变化比较大，对 30 台液压缸的四分区系统分为 8、7、8、7，如图 1.6 所示，且该项目中为了控制方便，采取单双交叉分布的液压缸布局。本书最后一章，德国杜塞尔多夫地铁项目中，使用 28 台液压缸，分为 14 对液压缸均匀分布于护盾内部，且将液压缸分为 2、2、3、2、2、3 分区，此工程施工过程处于富水砂卵石地层，六分区系统相对于四分区系统，人员操作控制上更困难，但对负载适应性更强。

盾构掘进过程中，由盾构司机根据施工地质条件和隧道设计路线，单独控制每区液压缸的压力和速度，以实现盾构姿态调整，保证盾构的掘进路线符合隧道的设计线形。而目前对于盾构施工隧道的贯通误差标准有严格的限制，这就要求盾构司机能够更加科学的实时控制盾构推进系统姿态或者盾构设计厂家提高盾构控制的自动化程度。对于以上关于

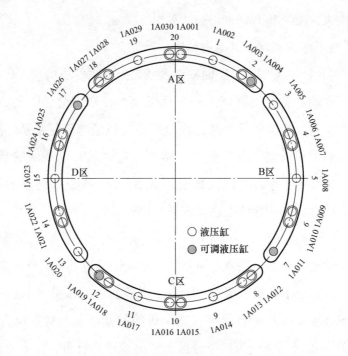

图 1.6 成都地铁工程盾构液压缸布局

盾构推进系统集中发展方向的四点中，前两点是对提高盾构施工效率的要求，而后两点则是对于提高盾构施工质量的要求。因此，需要对盾构推进系统进行深入的理论研究，以解决上述问题。

目前，盾构推进系统由于缺少精确的力学建模，因此，对应自动控制系统的研发和应用比较缓慢。现有盾构推进系统的控制主要依靠操作室内盾构司机的经验判断进行的。所以，目前大多数起辅助作用的盾构自动控制系统都是基于专家系统开发的。为深入研究盾构在土层中掘进的力学行为，并开发出更加实用的自动控制系统，2002 年日本学者 Sugimoto 和 Mitsutaka 等人对盾构所受外载荷的产生进行了详细分析和分类，并构建了盾构的运动学模型，并根据该模型对盾构在掘进时的动态行为进行了模拟仿真，随后 2004 年河海大学岩土所的谈小龙等人应用该盾构运动学模型对盾构推进系统的滞后控制进行了研究。总的来说，这些学者主要研究了土体与盾构的力学作用，对盾构的力学行为进行了研究，并未对盾构推进系统的力学模型进行构建与分析。

　　由于缺少推进系统的力学建模,因此对于推进系统力传递特性的研究很少,如前所述,国内外研究方向主要集中在盾构推进系统中液压系统的设计与控制上。由于盾构施工环境的复杂性和恶劣性,推进系统的动力主要由液压系统提供。然而,盾构施工一般是在几千吨乃至几万吨的推力下进行,因此,液压缸中液压油的可压缩性就不能被忽略。早期英国学者对推进系统中液压油可压缩性产生的变刚度,推进系统切削比能,刀具间距和法向力的关系进行了研究。目前还未见相关文献对于液压油可压缩性引起系统变形以及该变形对系统控制精度的影响进行研究与分析的。

　　对于推进系统的振动,如前所述美国 Nelson 等人通过对布法罗地下隧道施工中盾构掘进产生的振动振幅和频率进行了测量和研究,并提出了振动的描述方法,但并未对振动产生的原因进行分析。对于推进系统由于液压油可压缩性产生的变刚度与系统振动固有频率的关系目前还未见相关研究。系统振动模型的构建是研究系统振动的前提和关键。振动模型不是简单地将系统中的部件进行简化,而是要考虑每个部件的简化是否影响到系统的分析和脱离实际。对于整个系统而言,质量是可以忽略且不影响系统振动分析的中间连接部分都简化成弹簧阻尼的方式,而其他部件看作是刚体。振动模型构建后就应该是建立系统的振动微分方程。对于简单的振动系统,应用牛顿法建立系统的振动微分方程较为简单,而对于复杂的系统应用拉格朗日方程建立系统的振动微分方程比较方便。这里对于振动的主要研究方法是将每台液压缸简化为一套弹簧阻尼器,液压缸的前端盾构部分和液压缸所顶的管片看作是不变形的刚体,所有液压缸的质量对于整个盾构推进系统可以忽略不计。

参 考 文 献

[1] 熊艳. 地铁内部环境控制与系统安全的基本分析 [J]. 安全, 2005, 26 (2): 30-31.

[2] 沈景炎. 发展多层次的城市轨道交通［J］. 城市轨道交通研究，2000（1）：11-13.

[3] 刘建航，侯学渊. 盾构法隧道［M］. 北京：中国铁道出版社，1991.

[4] 张凤祥，傅德明，杨国祥，等. 盾构隧道施工手册［M］. 北京：人民交通出版社，2005.

[5] 中国铁道学会隧道代表团. 日本隧道概况［M］. 北京：人民铁道出版社，1980.

[6] 刘仁鹏. 盾构掘进机的发展及应用［J］. 工程机械，1985（10）：33-35.

[7] 张海. 盾构掘进机的现状与发展［J］. 工程机械与维修，1998（1）：12-13.

[8] 刘鹏亮. 盾构掘进机推进系统的关键技术研究［D］. 上海：上海交通大学，2008.

[9] 朱伟，陈仁俊. 盾构隧道施工技术现状及展望（第3讲）——盾构隧道应用前景及发展方向［J］. 岩土工程界，2002，5（1）：18-20，52.

[10] 张凤祥，朱合华，傅德明. 盾构隧道［M］. 北京：人民交通出版社，2004.

[11] 牟少文. 长江隧道挑战世界难题［J］. 建筑机械化，2009（2）：27-29.

[12] 陈丹，袁大军，张弥. 盾构技术的发展与应用［J］. 现代城市轨道交通，2005（5）：25-29.

[13] 崔国华，王国强，何恩光，等. 盾构的研究现状及发展前景［J］. 矿山机械，2006，34（6）：24-27.

[14] 胡兴军，子荫. 我国隧道盾构掘进机的发展和应用［J］. 内蒙古煤炭经济，2004（04）：114-116.

[15] 王洪新，傅德明. 土压平衡盾构平衡控制理论及试验研究［J］. 土木工程学报，2007，40（5）：61-68.

[16] MAIDL B, HERRENKNECHT M, ANHEUSER L. Mechanised Shield Tunnelling［M］. Berlin：Ernst & Sohn，1996.

[17] KOYAMA Y. Present status and technology of shield tunneling method in Japan［J］. Tunnelling and Underground Space Technology，2003，18（2）：233-241.

[18] 张照煌，李福田. 全断面隧道掘进机施工技术［M］. 北京：中国水利水电出版社，2006.

[19] FLANAGAN R F. Ground vibration from TBMs and shields［J］. Tunnels & Tunnelling，1993（10）：30-33.

[20] TEMPORAL J, SNOWDON R A. The effect of hydraulic stiffness on tunnel machine

performance [J]. Tunnels & Tunnelling, 1982, 14 (2): 11-13.

[21] SNOWDON R A, RYLEY M D, TEMPORAL J, et al. The effect of hydraulic stiffness on tunnel boring machine performance [J]. International Journal of Rock Mechanics and Mining Sciences & Geomechanics Abstracts, 1983, 20 (5): 203-214.

[22] PELLET-BEAUCOUR A L, KASTNER R. Experimental and analytical study of friction forces during microtunneling operations [J]. Tunnelling and Underground Space Technology, 2002, 17 (1): 83-97.

[23] YEH I. Application of neural networks to automatic soil pressure balance control for shield tunneling [J]. Automation in Construction, 1997, 5 (5): 421-426.

[24] SUWANSAWAT S, EINSTEIN H H. Artificial neural networks for predicting the maximum surface settlement caused by EPB shield tunneling [J]. Tunnelling and Underground Space Technology, 2006, 21 (2): 133-150.

[25] VINAI R, OGGERI C, PEILA D. Soil conditioning of sand for EPB applications: A laboratory research [J]. Tunnelling and Underground Space Technology, 2008, 23 (3): 308-317.

[26] 宋克志. 泥岩砂岩交互地层越江隧道盾构掘进效能研究 [D]. 北京: 北京交通大学, 2005.

[27] YANG H, SONG H, GONG G, et al. Electro-hydraulic proportional control of thrust system for shield tunneling machine [J]. Automation in Construction, 2009, 18 (7): 950-956.

[28] 胡国良, 龚国芳, 杨华勇, 等. 盾构模拟试验平台液压推进系统设计 [J]. 机床与液压, 2005 (2): 92-94.

[29] XIE H, LIU Z, YANG H. Pressure Regulation for Earth Pressure Balance Control on Shield Tunneling Machine by Using Adaptive Robust Control [J]. Chinese Journal of Mechanical Engineering, 2016, 29 (3): 598-606.

[30] 庄欠伟, 龚国芳, 杨华勇, 等. 盾构液压推进系统结构设计 [J]. 工程机械, 2005, 36 (3): 47-50.

[31] 郑志敏. 盾构推进系统设计 [J]. 隧道建设, 2006, 26 (4): 84-87.

[32] 贾连辉, 陈馈. 盾构推进系统的设计与控制分析 [J]. 建筑机械化, 2009, 30 (2):

63-65.

[33] MO H H, CHEN J S. Study on inner force and dislocation of segments caused by shield machine attitude [J]. Tunnelling and Underground Space Technology, 2008, 23 (3): 281-291.

[34] 谭忠盛, 洪开荣, 万姜林, 等. 软硬不均地层盾构姿态控制及管片防裂损技术 [J]. 中国工程科学, 2006, 8 (12): 92-96.

[35] 徐前卫. 盾构施工参数的地层适应性模型试验及其理论研究 [D]. 上海: 同济大学, 2006.

[36] 周奇才, 陈俊儒, 何自强, 等. 盾构智能化姿态控制器的设计 [J]. 同济大学学报 (自然科学版), 2008, 36 (1): 76-80.

[37] 王洪新, 傅德明. 土压平衡盾构掘进的数学物理模型及各参数间关系研究 [J]. 土木工程学报, 2006, 39 (9): 86-90.

[38] 邓颖聪, 郭为忠, 高峰. 盾构推进系统油缸分区性能评价指标建立 [J]. 机械设计与研究, 2010: 307-310.

[39] 邓颖聪. 盾构推进系统的分区建模与性能评价 [D]. 上海: 上海交通大学, 2010.

[40] 朱中意. 上海轨道交通盾构小幅扩径改造 [J]. 地下工程与隧道, 2017 (2): 38-41.

[41] 丁凯. 盾构的技术特点分析 [J]. 筑路机械与施工机械化, 2006, 23 (5): 8-10.

[42] 吴克利. 国内外隧道掘进机械发展概述 [J]. 重工与起重技术, 2005 (1): 29-32.

[43] 王立平, 唐晓强, 冯平法, 等. 一种用于土压平衡式盾构的全时推进系统结构: 200910235530.3 [P]. 2011-06-29.

[44] 徐俊. 盾构法施工最小曲线半径取值的研究 [D]. 北京: 北京交通大学, 2008.

[45] 于睿坤, 李万莉, 周奇才, 等. 盾构推进系统分析与建模 [J]. 建筑机械化, 2007, 28 (2): 43-45.

[46] 潘国荣, 黄加惠. 地铁隧道盾构掘进的定向与贯通 [J]. 铁路航测, 1997 (2): 36-38.

[47] 王朝义. 填海区富水砂层下覆基岩混合断面盾构施工技术 [J]. 铁道建筑, 2011 (2): 76-78.

[48] 欧阳平, 吴北平. 盾构隧道贯通误差分析 [J]. 湖南工程学院学报 (自然科学版), 2006, 16 (2): 75-79.

[49] 胡辉，洪赓武，杜胤平. 试用 QC 控制小曲率半径盾构推进［J］. 城市道桥与防洪，2005（4）：77-80.

[50] 杜传鹏. 长大隧道贯通误差分析及程序实现［D］. 成都：西南交通大学，2013.

[51] 谢宇尚. 隧道横向贯通误差精度影响分析［J］. 测绘信息与工程，2008，33（4）：20-21.

[52] SUGIMOTO M, SRAMOON A. Theoretical model of shield behavior during excavation. Ⅰ: theory［J］. Journal of Geotechnical and Geoenvironmental Engineering, 2002, 128（2）: 138-155.

[53] SRAMOON A, SUGIMOTO M, KAYUKAWA K. Theoretical model of shield behavior during excavation. Ⅱ: application［J］. Journal of Geotechnical and Geoenvironmental Engineering, 2002, 128（2）: 156-165.

[54] 谈小龙，朱伟，秦建设，等. 盾构法隧道施工中盾构控制滞后效应的研究［J］. 地下空间，2004，24（1）：36-40.

[55] 赵强，李洪人，韩俊伟. Stewart 平台的振动研究［J］. 机械科学与技术，2004，23（5）：594-597.

[56] 赵玉成，华军. 振动冲击夯非线性模型建立及振动特性分析［J］. 工程机械，2000，31（3）：15-16.

[57] 薛建阳，赵洪铁，张鹏程. 中国古建筑木结构模型的振动台试验研究［J］. 土木工程学报，2004，37（6）：6-11.

[58] 彭利坤，邢继峰，朱石坚，等. 液压 6-DOF 并联机器人的振动特性研究［J］. 机械设计与研究，2005，21（5）：37-40.

第 2 章

推进系统力学建模

盾构掘进路线与设计线路之间的偏差量是衡量盾构施工质量的一个重要指标。因此，工程人员必须实时观测盾构的姿态，按照隧道的设计线路随时对盾构进行姿态调整，确保盾构能够沿着设计线路精确掘进。

盾构推进系统是盾构向前掘进、姿态调整和纠偏的执行系统。该系统通过控制推进液压缸产生合推力和合力矩以克服外界土体或自身重量产生的阻力或阻力矩，实现盾体向前掘进或者姿态调整。当盾构要向某一方向纠偏或转向时，盾构操作人员通过调整液压缸推进压力，产生该方向的主动力矩或主动推力，实现盾构向该方向的转弯掘进或纠偏。但盾构在轴线方向需要纠偏时，是通过将盾构的刀盘反向转动来实现的。因此，工程中盾构在掘进时，刀盘通常不是一直朝一个方向转动的，而是顺转几转后就逆转几转，从而消除轴线方向盾构的掘进误差。因此，盾构在掘进过程中推进系统需要克服的外界阻力主要有：掘进方向的掘进阻力、水平方向阻力矩和纵向阻力矩。

2.1 推进系统受力分析

2.1.1 推进系统掘进阻力分析

推进系统是提供动力使整个盾构在土层中向前掘进的系统，它是盾构中关键性的系统,主要是由设置在盾构外壳内侧环形梁上的推进液压缸群组成。对于给定的地质条件、隧道参数和掘进参数,盾构推进系统首先必须能够克服土体产生的掘进阻力以实现盾构的向前掘进。

一般来说,盾构在掘进过程中,作用在盾构上的载荷可分为外部载荷和操作载荷。如图2.1所示,外部载荷主要来源于:①土压力;②水压力;③支撑压力。它们作为一个整体施加在盾构结构上。由于覆盖地层,地面上的建筑和交通设施及盾构自身重量引起的径向载荷,即水平和垂直载荷形成了盾壳四周的摩擦阻力。这些阻力必须由盾构液压缸产生的推力予以克服。

图2.1中的水压力和土压力在刀盘的正面就形成了如图2.2中所示的正面阻力,盾壳四周的水平和垂直载荷对盾壳就形成了如图2.2中所示的盾构摩擦阻力。正面阻力和摩擦阻力都是由图2.2中盾壳支撑环内等距布置的推进液压缸提供推力克服的。推进系统的推力是由推进液压缸顶在如图2.2所示的管片上,而管片产生反作用力提供的。

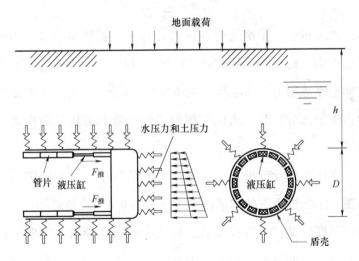

图2.1 作用在盾构上的载荷

整个推进系统主要需要克服四种阻力:管片与盾尾间的摩擦阻力 F_1;盾壳与外部土体的摩擦阻力 F_2;刀具切入岩土的贯入阻力 F_3;盾构刀盘正面的土压力和水压力 F_4。

盾构推进系统布局设计方法

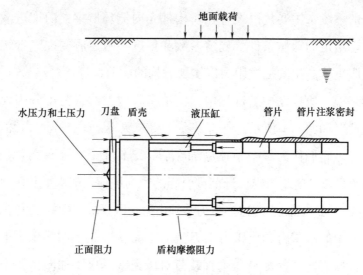

图 2.2 推进系统克服阻力掘进

盾构推进系统克服阻力计算式为

$$F_{推} = \sum_{i=1}^{4} F_i \qquad (2-1)$$

从国内外大量土压平衡盾构的推力计算和工程使用中可以得到：刀盘切土所需要推力只占机器总推力的 14.5%~18.5%，而推力需克服的盾壳和泥土之间的摩擦阻力却占总推力的 53.5%~73%。因此，摩擦阻力在盾构推力中占主要部分，对于盾构摩擦阻力的计算和分析是盾构装备推力设计的关键。

目前，在盾构的设计推力、装备推力的估算中，对摩擦阻力的计算存在以下问题：①摩擦系数的取值范围为 0.15~0.8，取值范围较大，导致估算结果的可信度较低；②按照经验，公式中的某些参数由于取值范围过大而导致误差过大，如对于盾构调向引起的阻力多采用估算和经验确定。所以近年来，为正确选定装备推力，对影响推力因素定量化的研究已成为盾构设计、制造和使用领域中的重点研究方向。

盾构设备是暂时埋置于地层中的一种地下结构，因此，对于盾构摩擦阻力的计算是一个地层加结构的问题，不能单独按独立结构进行分析计算，必须考虑地层与结构之间的共同作用。

下面以目前最常用的土柱理论和压力拱理论为基础，同时考虑盾壳由于受到压力变形产生土体抗力引起摩擦阻力的情况，来计算盾构推进系统需要克服的总摩擦阻力。

1. 土柱理论盾构摩擦阻力计算

土柱理论中，摩擦阻力分为两部分：一部分是由于主动土压力作用在盾壳上产生的摩擦阻力；另一部分是盾构在受到外界土压时变形而引起被动土体弹性抗力产生的摩擦阻力。

（1）土压力产生摩擦阻力计算　由于覆土较浅或工作土体自稳情况较差难以产生拱效应，这样引起隧道顶部上覆土柱的下沉，两侧地层对柱体产生与下沉相反的摩擦阻力，故上覆土层的重力减去土柱两侧的摩擦阻力即为地层压力。在较差的地层中该摩擦阻力习惯上假定为零。土柱理论土压模型如图2.3所示。

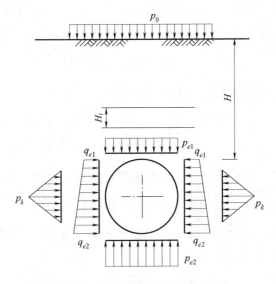

图2.3　土柱理论土压模型

其盾构顶部竖直土压计算式为

$$p_{e1} = p_0 + \sum_{i=1}^{n} \gamma_i H_i \tag{2-2}$$

式中，p_0 为地面超载；γ_i 为第 i 层的浮容重；H_i 为第 i 层的厚度。

其盾构底部竖直压力计算式为

$$p_{e2} = p_{e1} + \frac{4W}{\pi DL} \qquad (2-3)$$

式中，W 为盾构自重；D 为盾构直径；L 为盾构长度。

因此，其土体主动压力产生摩擦阻力计算式为

$$F_1 = 0.25\pi DL\mu(p_{e1} + p_{e2} + q_{e1} + q_{e2}) \qquad (2-4)$$

式中，μ 为地层与盾壳的摩擦系数。

$$q_{e1} = \lambda p_{e1} \qquad (2-5)$$

$$q_{e2} = \lambda p_{e2} \qquad (2-6)$$

式（2-5）、式（2-6）中，λ 为水平侧压力系数。

(2) 由于盾构变形引起土体弹性抗力摩擦阻力计算　盾构弹性抗力是盾构因变形受到地层约束而产生的一种被动载荷。当盾壳在外载荷土压的作用下发生变形，同时受到周围地层的约束时，盾壳的变形将导致地层发生与之协调的变形，地层就对盾壳产生了反作用力。这一反作用力的大小同地层变形的大小有关，人们一般都假设反作用力的大小同地层变形成线性弹性关系，并把这一反作用力称为弹性抗力。

地层弹性抗力的存在是地下结构区别于地面结构的显著特点之一，因为地面结构在外力作用下可以自由变形而不受介质的约束。在进行土层弹性抗力的计算中，需要采用地层变形理论，其理论分为：①局部变形理论，认为弹性地基上某点处施加的外力只会引起该点的变形（沉陷）；②共同变形理论，认为作用于弹性地基上一点的外力，不仅使该点发生变形（沉陷），而且还会引起附近的地基发生变形（沉陷）。由于共同变形理论的计算比较复杂所以一般不采用共同变形理论。

盾尾间隙加上盾尾外壳钢板的厚度，即盾构推进后管片外径和地层之间产生的空隙，该空隙称为构筑空隙。由于构筑空隙是地层产生沉降的直接原因，故该值越小越好，所以盾构外壳多选用厚度较薄的高强度钢。因

此，盾壳刚度对土体弹性抗力的影响较大。

盾构在地层外载荷压力作用下，盾壳两侧产生向地层方向的水平变形，地层阻止盾壳变形而产生抗力。如图 2.3 所示，假定地层抗力 p_k 与盾壳水平变形 δ 成比例增加（winkler 线性假定），按三角形分布，在水平直径处抗力为最大。抗力 p_k 的计算式为

$$p_k = K\delta\left(1 - \frac{|\sin\alpha|}{\sin\phi}\right) \qquad (2\text{-}7)$$

式中，K 是地层抗力系数；ϕ 是地层抗力的分布角（一般假定 $\phi = 45°$）；α 是以水平直径线处为 $0°$，在此水平线上、下量取的角度；δ 为实际变形量，其值为

$$\delta = \frac{[2p_{e1} + 2W/(RL) - q_{e2}]R^4}{24(EJ + 0.0454KR^4)} \qquad (2\text{-}8)$$

式中，R 是盾构计算半径；EJ 是盾构圆环刚度。

则弹性抗力产生的摩擦阻力为

$$F_t = 2\mu \int_{-\frac{\pi}{4}}^{\frac{\pi}{4}} p_k LR \mathrm{d}\alpha \qquad (2\text{-}9)$$

因此，土柱理论下盾构摩擦阻力为

$$F_m = F_1 + F_t \qquad (2\text{-}10)$$

2. 压力拱理论盾构摩擦阻力计算

对于压力拱理论下盾构摩擦阻力的计算中，土体弹性抗力产生的摩擦阻力计算与土柱理论下摩擦阻力计算是相同的，同样可以采用式（2-7）~式（2-9）求得。下面只介绍压力拱理论下土体压力产生摩擦阻力的计算。

当覆土厚度大于盾构直径时，盾壳顶部土体失去稳定产生坍塌，形成不延向地表的局部破裂区，该区内的土体自重即是盾壳上的载荷。破裂区上部边界线有抛物线、椭圆、半圆和三角形等不同假定。一般采用边界为抛物线的泰沙基（Terzaghi）松动土压公式计算土体压力。泰沙基土压力的计算模型如图 2.4 所示。

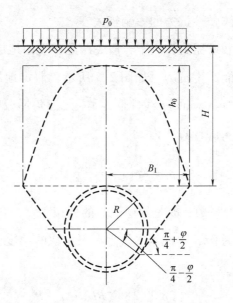

图2.4 泰沙基土压力计算模型

盾壳顶部压力计算式为

$$\sigma_v = \frac{B_1(1-c/B_1)}{K_0 \tan\varphi}(1-e^{-K_0\tan\varphi H/B_1}) + p_0 e^{-K_0\tan\varphi H/B_1} \tag{2-11}$$

其中，$h_0 = \dfrac{B_1(1-c/B_1\gamma)}{K_0\tan\varphi}(1-e^{-K_0\tan\varphi H/B_1}) + \dfrac{p_0}{\gamma}e^{-K_0\tan\varphi H/B_1}$，$B_1 = R\cot\left(\dfrac{\pi/4+\varphi/2}{2}\right)$。

式中，h_0 为地层的松动高度；σ_v 为泰沙基松动土压力；K_0 为水平和竖直土压力比（通常取1）；φ 为土体的内摩擦角；p_0 为地面超载；γ 为土的容重；c 为土体的黏聚力。

最后应用上述土柱理论中土压力产生摩擦阻力计算式（2-3）~式（2-6）求得土压力产生的主动摩擦阻力。

2.1.2 推进系统水平阻力矩分析

如图2.5所示，由于盾构主机的重力很大，会造成水平阻力矩 M_x 的增大。因此盾构在软弱地基中掘进时，地基不能承受盾体的巨大重力，盾构会发生前端下降（低头）现象。因此，在工程应用中四分区系统一般下区液压缸数量要比上区液压缸数量多，就是为了使盾构在掘进时下区液压缸能够承受更大的推力，并使掘进时的盾构保持稍稍的抬头趋势，以消除盾构由于自身过重带来的掘进偏差。

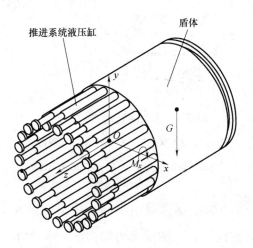

图 2.5　盾构自重引起的水平阻力矩

2.1.3　推进系统纵向阻力矩分析

如图 2.6 所示，盾构在进行掘进施工时，由于考虑到避免地面古建筑或深地基高层建筑被破坏，在掘进中保持绝对直线是不可能的，总会存在或多或少的曲线掘进。同时，由于地质条件或其他因素的影响，盾构在掘进过程中进行纠偏时亦需要进行曲线掘进。盾构曲线掘进时，由于盾构的前后体排开土体要产生一个纵向的力矩，因此盾构掘进的直径往往要比盾构外径大得多。大量的工程试验表明：直径为 8m 的盾构在进行半径为 200m 曲线掘进时，隧道施工直径比隧道设计直径要大 40mm。图 2.6 所示为带超挖刀或铰接装置的盾构曲线掘进时盾构排开土体产生力矩的情况，由图 2.6 可以看出，同时具有超挖刀和铰接装置的盾构前后体排开土体的量是最少的。因此，推进系统产生纵向力矩应该最小，以保证推力偏向载荷最小。为此，现代大型盾构一般都具有超挖刀和铰接两种装置。

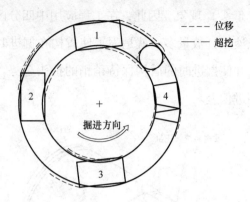

图 2.6 盾构曲线施工土层位移

1—刚性盾构无超挖　2—刚性盾构外侧超挖

3—刚性盾构内侧超挖　4—铰接盾构无超挖

图 2.7 中,盾构在曲线掘进时由于前后体需要排开土体,排开的土体将给盾构施加反向弹性抗力,该反向力通过距离 a 产生一阻力矩。该阻力矩就相当于给盾构的推力施加了一个偏心力。该偏心力必然引起推进系统中的液压缸推力产生偏载,从而导致管片被压溃。

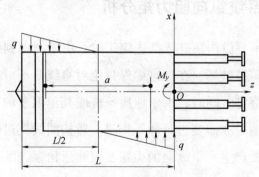

图 2.7 盾构由于曲线掘进引起的偏向载荷

应用局部变形理论,认为弹性地基上某点处施加的外力只会引起该点的变形(沉陷),并且假定地层抗力 p_k 与 δ 成比例增加(winkler 线性假定),即

$$p_k = K\delta \tag{2-12}$$

式中，K 为地层抗力系数；δ 为地层弹性变形量。

因此其偏向力矩为

$$M = a\int K\delta dA \qquad (2\text{-}13)$$

式中，a 为盾构所受偏向载荷合力臂；A 为地层抗力 p_k 对应的面积。

如图 2.8 所示，对式（2-13）积分，化简后得

$$M = a\int KdV = aKV \qquad (2\text{-}14)$$

式中，V 为盾构挤压土体的体积的一半。

对于盾构掘进过程中产生的力矩，除了上面提到的几个主要方面外，如图 2.9 所示，盾构在非均匀地质条件下，由于掘进面受力不均匀也可能产生水平力矩或纵向力矩。

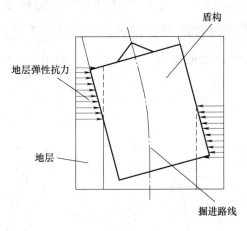

图 2.8　盾构转弯受到弹性抗力

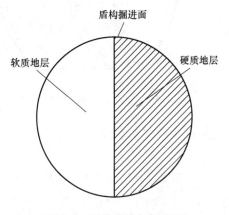

图 2.9　盾构非均匀掘进面

2.2 推进系统力学模型构建

如2.1节所述,盾构在掘进过程中,盾构推进系统除了要克服土体产生z轴方向掘进阻力F_z,还要克服由于盾构自身重力作用,盾构正面所受阻力不均匀,盾壳四周土体摩擦阻力不均和盾构曲线掘进前后体排土产生的挤压力,对盾构产生水平阻力矩M_x和纵向阻力矩M_y。如图2.10所示,以盾构推进液压缸排布圆周的圆心O为原点,z轴平行液压缸与盾构掘进方向相反,y轴垂直z轴指向地面,x轴由右手定则确定,构建坐标系$Oxyz$。图2.10中,F_z为盾构掘进过程中z轴正方向上受到的合阻力,M_x为盾构x轴正方向上受到的合阻力矩即水平阻力矩,M_y为在y轴正方向上受到的合阻力矩即纵向阻力矩,F_i($i=1,2,\cdots,N$)为推进系统第i台液压缸的推力,其方向与z轴相反,推进系统共有N台液压缸。

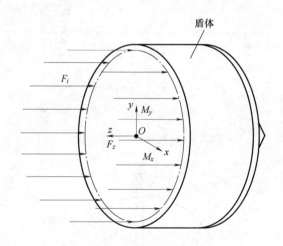

图 2.10　推进系统受力模型

根据图2.10中的推进系统受力模型可得三力平衡方程为

$$-\sum_{i=1}^{N} F_i + F_z - ma = 0 \tag{2-15}$$

$$\sum_{i=1}^{N} F_i x_i + M_y - J_y \alpha_y = 0 \qquad (2\text{-}16)$$

$$\sum_{i=1}^{N} F_i y_i - M_x - J_x \alpha_x = 0 \qquad (2\text{-}17)$$

式中，F_i 为第 i 台液压缸的推力；(x_i, y_i) 为第 i 台液压缸的力作用点在 Oxy 平面的坐标；a 为盾构在 z 轴方向的掘进加速度；J_x 和 J_y 分别表示主机在 x 轴和 y 轴上的转动惯量；α_x 和 α_y 分别表示主机在 x 轴和 y 轴上的角加速度。

由于盾构推进很缓慢，可以认为任何时刻盾构都是静力平衡的，则以上三个力平衡方程式中的加速度都可以看作为零，则得简化的三力平衡方程式，即

$$\sum_{i=1}^{N} F_i - F_z = 0 \qquad (2\text{-}18)$$

$$\sum_{i=1}^{N} F_i x_i + M_y = 0 \qquad (2\text{-}19)$$

$$\sum_{i=1}^{N} F_i y_i - M_x = 0 \qquad (2\text{-}20)$$

2.3 本章小结

盾构推进系统力学模型的构建与分析是盾构推进系统分析和设计的基础和关键，也是盾构在掘进过程中姿态控制和调整的依据，是盾构推进自动控制系统开发的理论前提。

本章分析了盾构在掘进过程中为实现盾构的向前掘进和姿态调整，推进系统克服的三个主要阻力：掘进方向的掘进阻力、水平方向阻力矩和纵向阻力矩。在明确土体与盾壳的摩擦阻力占掘进阻力的主要部分的基础上，本章对组成掘进阻力的摩擦阻力进行了详细的分析，同时，分别以土柱理论和压力拱理论为基础，考虑盾构由于受力变形而受到土体弹性抗力产生摩擦阻力的情况，对盾构推进系统所要克服的摩擦阻力计算进行了探讨。

最后，根据分析所得的掘进阻力、水平方向阻力矩和纵向阻力矩构建了盾构推进系统的力学模型。

参 考 文 献

[1] 土木学会. 隧道标准规范（盾构篇）及解说［M］. 朱伟，译. 北京：中国建筑工业出版社，2001.

[2] 凌京蕾，樊丽珍. 盾构技术及其在广州地铁的应用［J］. 广重科技，2000（3）：25-32.

[3] 徐前卫，朱合华，廖少明，等. 均匀软质地层条件下土压平衡盾构施工的合理顶进推力分析［J］. 岩土工程学报，2008，30（1）：79-85.

[4] 朱合华，徐前卫，廖少明，等. 土压平衡盾构施工的顶进推力模型试验研究［J］. 岩土力学，2007，28（8）：1587-1594.

[5] MUIR WOOD A M. The circular tunnel in elastic ground［J］. Geotechnique，1975，25（1）：115-127.

[6] 朱伟，黄正荣，梁精华. 盾构衬砌管片的壳-弹簧设计模型研究［J］. 岩土工程学报，2006，28（8）：940-947.

[7] 黄正荣. 基于壳-弹簧模型的盾构衬砌管片受力特性研究［D］. 南京：河海大学，2007.

[8] 宋克志. 无水砂卵石地层盾构推力及刀盘转矩的计算［J］. 建筑机械，2004（10）：58-60.

[9] 施虎，龚国芳，杨华勇，等. 盾构掘进土压平衡控制模型［J］. 煤炭学报，2008，33（3）：343-346.

[10] 苏健行，龚国芳，杨华勇. 土压平衡盾构掘进总推力的计算与试验研究［J］. 工程机械，2008，39（1）：13-16.

第3章

推进系统力传递特性分析

在目前的盾构隧道中,管片存在开裂、破损、错台、气泡等问题,其中开裂对隧道质量影响最大,并最终影响隧道使用寿命。造成管片开裂的因素很多,而作用于管片上的力是造成管片开裂的最基本因素,其中盾构掘进过程中总推力过大是导致管片开裂的最直接原因。而最直接的情况是盾构在掘进时由于过大的偏载使得某些液压缸顶推力过大,造成管片被压溃。因此,对推进系统力传递特性的分析是研究管片由于推力过大被压溃的理论基础。

在第2章中,分析了盾构推进系统在掘进过程中的受力情况,同时构建了盾构推进系统力学模型。本章将以第2章中的力学模型为基础,以液压缸推力均匀为原则,详细分析均匀地层条件下均匀系统、四分区系统和非均匀系统的空间力椭圆模型和力传递特性,以及复合地层条件下偏心率"树干"模型、偏心率圆锥面模型和适应性模型的力传递特性。

3.1 均匀地层下推进系统空间力椭圆模型构建及力传递特性分析

3.1.1 均匀系统空间力椭圆模型构建及力传递特性分析

近年来国外已开发了大量的自动测量系统和盾构液压缸无人操作方向

控制系统。在自动控制系统或小型盾构中，往往采用均匀非分区系统进行液压缸压力控制。

为使作用在管片上的顶推力均匀分布，以第二章中的推进系统力学模型式（2-18）~式（2-20）为基础，构建式（3-1）优化函数，求该函数的极小值

$$\Delta = \frac{1}{2}\sum_{i=1}^{N}(F_i - \overline{F})^2 \tag{3-1}$$

式中，$\overline{F} = \frac{1}{N}\sum_{i=1}^{N}F_i = \frac{1}{N}F_z$；$N$ 为液压缸台数。

如果优化函数式（3-1）中的 Δ 取得最小值，则表明推进系统中各液压缸的顶推力之间的差值是最小的，作用在管片上的推力就趋向于均匀状态，这有利于避免由于某些管片受到较大的压力偏载被压溃的现象。

联立优化函数和第 2 章中的三个力平衡方程式（2-18）~式（2-20），构建式（3-2）拉格朗日函数

$$L = \Delta + \lambda_1\left(\sum_{i=1}^{N}F_i - F_z\right) + \lambda_2\left(\sum_{i=1}^{N}F_i x_i + M_y\right) + \lambda_3\left(\sum_{i=1}^{N}F_i y_i - M_x\right)$$
$$\tag{3-2}$$

对拉格朗日方程（3-2）求偏导得方程式（3-3）和式（3-4）

$$\frac{\partial L}{\partial F_i} = F_i - \frac{F_z}{N} + \lambda_1 + \lambda_2 x_i + \lambda_3 y_i = 0, \quad (i=1,2,\cdots,N) \tag{3-3}$$

$$\frac{\partial L}{\partial \lambda_i} = 0, \quad (i=1,2,3) \tag{3-4}$$

式（3-3）和（3-4）推导可得方程式（3-5）~式（3-8）

$$\sum_{i=1}^{N}F_i = F_z \tag{3-5}$$

$$\sum_{i=1}^{N}F_i x_i = -M_y \tag{3-6}$$

$$\sum_{i=1}^{N}F_i y_i = M_x \tag{3-7}$$

$$\lambda_2 x_i + \lambda_3 y_i + F_i = \frac{F_z}{N} - \lambda_1 \qquad (3\text{-}8)$$

均匀系统中，由于推进系统液压缸是等间距沿圆周分布，则式（3-9）~式（3-13）成立

$$\sum_{i=1}^{N} x_i = 0 \qquad (3\text{-}9)$$

$$\sum_{i=1}^{N} y_i = 0 \qquad (3\text{-}10)$$

$$\sum_{i=1}^{N} x_i y_i = 0 \qquad (3\text{-}11)$$

$$\sum_{i=1}^{N} x_i^2 = \sum_{i=1}^{N} y_i^2 = \frac{N}{2} r^2 \qquad (3\text{-}12)$$

$$x_i^2 + y_i^2 = r^2 \qquad (3\text{-}13)$$

式中，r 表示液压缸的排布半径。

联立方程式（3-5）~式（3-13）可求得每台液压缸推力值

$$F_i = -\frac{2M_y}{Nr^2} x_i + \frac{2M_x}{Nr^2} y_i + \frac{F_z}{N}, \quad (i=1,2,\cdots,N) \qquad (3\text{-}14)$$

则由式（3-14）求得推力最大值和最小值分别为

$$F_{\max} = \frac{2\sqrt{M_x^2 + M_y^2}}{Nr} + \frac{F_z}{N} \qquad (3\text{-}15)$$

$$F_{\min} = -\frac{2\sqrt{M_x^2 + M_y^2}}{Nr} + \frac{F_z}{N} \qquad (3\text{-}16)$$

式（3-13）表示空间圆柱面 β，式（3-8）表示空间一平面 α，因此，空间点（x_i, y_i, F_i）应为空间圆柱面 β 和空间平面 α 的空间交线上的点。由空间几何可知，如果圆柱面母线和平面法线不平行，则两者交线必定是一空间椭圆。如图所示，式（3-15）所求得的最大值和式（3-16）所求得的最小值为空间椭圆长轴的两端点。所有 F_i 值都在该空间椭圆上，因此，液压缸推力大小亦成空间椭圆分布。为此，把该空间椭圆称为空间力椭圆，如图3.1所示。

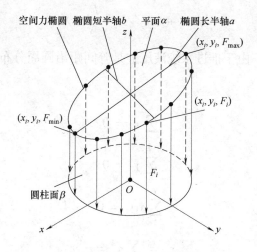

图 3.1 均匀系统空间力椭圆模型

同时由方程式（3-15）和式（3-16），可以得到空间力椭圆参数：长半轴 a，短半轴 b 和偏心率 e。

$$a = \sqrt{\frac{4(M_x^2 + M_y^2)}{N^2 r^2} + r^2} \tag{3-17}$$

$$b = r \tag{3-18}$$

$$e = \sqrt{1 - \frac{1}{\frac{4(M_x^2 + M_y^2)}{N^2 r^4} + 1}} \tag{3-19}$$

空间力椭圆偏心率表征液压缸顶推力的偏载程度，由式（3-19）可以得到如下关于推进系统偏载的结论：

1）作用在管片上的推力会随外界阻力矩 M_x 和 M_y 的增加而偏载程度增大。过大的推力偏载容易导致管片被压溃，因此工程中当盾构需要较大转弯时，为降低阻力矩作用在管片上的偏载程度，一般采用连续的几个小转弯实现。

2）随着液压缸排布半径的增大，空间力椭圆的偏心率随之减小，这样推力偏载程度就减小。因此，偏心率的减小有利于保护盾构管片不被过大顶推力压溃。为此如图 3.2 所示，在工程上液压缸中心线与撑挡中心线之间通常设置了一个偏心距，实际上这就增大了系统液压缸的排布半径，避免过大的推力偏载。

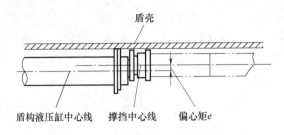

图 3.2　推进系统液压缸与撑挡的偏心距设置

3）外界掘进阻力 F_z 对空间力椭圆偏心率没有任何影响,也就是说只有阻力矩引起空间力椭圆的偏心率变化,阻力矩对于均匀系统的偏载程度起着关键的作用。

3.1.2　四分区系统空间力椭圆模型构建及力传递特性分析

盾构是通过控制各推进液压缸的伸长量来实现曲线掘进或纠偏的。对于小直径盾构,推进液压缸可以通过单独控制,而对于现有的大型盾构推进系统,为降低人工控制复杂程度和成本,通常将所有的推进液压缸,按上下左右分成 A、B、C、D 四区。盾构掘进过程中,根据施工地质条件和隧道设计路线,单独控制每区液压缸的压力和速度,以实现盾构左转、右转、抬头、低头或直行推进,从而保证盾构的掘进路线符合隧道的设计路线。

如图 3.3 所示,推进系统液压缸分为 A、B、C、D 四区。A 区液压缸有 n_1 台;B 区液压缸有 n_2 台;C 区液压缸有 n_3 台;D 区液压缸有 n_4 台。其中,A 区液压缸中的 k_1 台在第一象限,k_2 台在第四象限,且在第一象限中的第一台液压缸中心线与 x 轴夹角为 θ ($0 \leq \theta \leq 2\pi/N$),$N = n_1 + n_2 + n_3 + n_4$。并且满足,$n_1 = n_3$,即盾构左右区液压缸数目一致。

由第 2 章中的推进系统力学模型,得到四分区系统力平衡方程式 (3-20)~式 (3-22)

$$\sum_{i=1}^{4} n_i F_i - F_z = 0 \qquad (3\text{-}20)$$

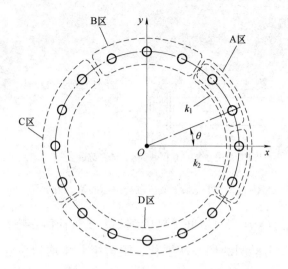

图 3.3 四分区系统液压缸布局示意图

$$\sum_{i=1}^{4} a_i F_i - \frac{M_x}{r} = 0 \tag{3-21}$$

$$\sum_{i=1}^{4} b_i F_i + \frac{M_y}{r} = 0 \tag{3-22}$$

式 (3-20) ~ 式 (3-22) 中,

$a_1 = \sum\limits_{i=1}^{k_1} \sin\left(\theta + \frac{2(i-1)\pi}{N}\right) + \sum\limits_{i=N-k_2+1}^{N} \sin\left(\theta + \frac{2(i-1)\pi}{N}\right);$

$a_2 = \sum\limits_{i=k_1+1}^{k_1+n_2} \sin\left(\theta + \frac{2(i-1)\pi}{N}\right);$

$a_3 = \sum\limits_{i=k_1+n_2+1}^{k_1+n_2+n_3} \sin\left(\theta + \frac{2(i-1)\pi}{N}\right);$

$a_4 = \sum\limits_{i=k_1+n_2+n_3+1}^{N-k_2} \sin\left(\theta + \frac{2(i-1)\pi}{N}\right);$

$b_1 = \sum\limits_{i=1}^{k_1} \cos\left(\theta + \frac{2(i-1)\pi}{N}\right) + \sum\limits_{i=n-k_2+1}^{N} \cos\left(\theta + \frac{2(i-1)\pi}{N}\right);$

$b_2 = \sum\limits_{i=k_1+1}^{k_1+n_2} \cos\left(\theta + \frac{2(i-1)\pi}{N}\right);$

$$b_3 = \sum_{i=k_1+n_2+1}^{k_1+n_2+n_3} \cos\left(\theta + \frac{2(i-1)\pi}{N}\right);$$

$$b_4 = \sum_{i=k_1+n_2+n_3+1}^{N-k_2} \cos\left(\theta + \frac{2(i-1)\pi}{N}\right)_\circ$$

同理，为使作用在管片上的推力比较均匀而不被压溃，构建式（3-23）优化函数

$$\Delta = \frac{1}{2}\sum_{i=1}^{n}(F_i - \overline{F})^2 \qquad (3\text{-}23)$$

式中，$\overline{F} = \dfrac{1}{4}\sum_{i=1}^{4} F_i{}_\circ$

联立方程式（3-20）~式（3-23）构建拉格朗日函数

$$L = \frac{1}{2}\sum_{i=1}^{n}(F_i - \overline{F})^2 + \lambda_1\left(\sum_{i=1}^{4} n_i F_i - F_z\right) + \lambda_2\left(\sum_{i=1}^{4} a_i F_i - \frac{M_x}{r}\right) + \lambda_3\left(\sum_{i=1}^{4} b_i F_i + \frac{M_y}{r}\right) \qquad (3\text{-}24)$$

将式（3-24）对 $F_i(i=1,2,3,4)$ 和 $\lambda_j(i=1,2,3)$ 求偏导得

$$\frac{\partial L}{\partial F_i} = F_i - \overline{F} + n_i\lambda_1 + a_i\lambda_2 + b_i\lambda_3 = 0, \quad (i=1,2,3,4) \qquad (3\text{-}25)$$

$$\frac{\partial L}{\partial \lambda_j} = 0, \quad (j=1,2,3) \qquad (3\text{-}26)$$

由式（3-20）~式（3-22），式（3-25）和式（3-26）得矩阵

$$\begin{pmatrix} n_1 & n_2 & n_3 & n_4 & 0 & 0 & 0 \\ a_1 & a_2 & a_3 & a_4 & 0 & 0 & 0 \\ b_1 & b_2 & b_3 & b_4 & 0 & 0 & 0 \\ -\dfrac{3}{4} & \dfrac{1}{4} & \dfrac{1}{4} & \dfrac{1}{4} & n_1 & a_1 & b_1 \\ \dfrac{1}{4} & -\dfrac{3}{4} & \dfrac{1}{4} & \dfrac{1}{4} & n_2 & a_2 & b_2 \\ \dfrac{1}{4} & \dfrac{1}{4} & -\dfrac{3}{4} & \dfrac{1}{4} & n_3 & a_3 & b_3 \\ \dfrac{1}{4} & \dfrac{1}{4} & \dfrac{1}{4} & -\dfrac{3}{4} & n_4 & a_4 & b_4 \end{pmatrix} \begin{pmatrix} F_1 \\ F_2 \\ F_3 \\ F_4 \\ \lambda_1 \\ \lambda_2 \\ \lambda_3 \end{pmatrix} = \begin{pmatrix} F_z \\ \dfrac{M_x}{r} \\ -\dfrac{M_y}{r} \\ 0 \\ 0 \\ 0 \\ 0 \end{pmatrix} \qquad (3\text{-}27)$$

考虑到液压缸是等距排布，且 $n_1 = n_3$，所以有式（3-28）~式（3-32）成立

$$a_1 = a_3 \tag{3-28}$$

$$\sum_{i=1}^{4} a_i = 0 \tag{3-29}$$

$$\sum_{i=1}^{4} b_i = 0 \tag{3-30}$$

$$b_1 = -b_3 \tag{3-31}$$

$$b_2 = b_4 = 0 \tag{3-32}$$

将式（3-28）~式（3-32）代入式（3-27）化简得

$$\begin{pmatrix} n_1 & n_2 & n_3 & n_4 \\ a_1 & a_2 & a_3 & a_4 \\ b_1 & b_2 & b_3 & b_4 \\ (a_2 - a_4) & (a_2 + 3a_4) & (a_2 - a_4) & (-3a_2 - a_4) \end{pmatrix} \begin{pmatrix} F_1 \\ F_2 \\ F_3 \\ F_4 \end{pmatrix} = \begin{pmatrix} F_z \\ \dfrac{M_x}{r} \\ -\dfrac{M_y}{r} \\ 0 \end{pmatrix} \tag{3-33}$$

求矩阵（3-33）得式（3-34）~式（3-37）

$$F_1 = \frac{F_z}{n} - \frac{M_x(3n_2a_2 + n_2a_4 + n_4a_2 + 3n_4a_4)}{(3a_2^2 + 2a_2a_4 + 3a_4^2)nr} + \frac{M_y}{2b_1 r} \tag{3-34}$$

$$F_2 = \frac{F_z}{n} + \frac{2M_x(3n_1a_2 + n_1a_4 + n_4a_2 - n_4a_4)}{(3a_2^2 + 2a_2a_4 + 3a_4^2)nr} \tag{3-35}$$

$$F_3 = \frac{F_z}{n} - \frac{M_x(3n_2a_2 + n_2a_4 + n_4a_2 + 3n_4a_4)}{(3a_2^2 + 2a_2a_4 + 3a_4^2)nr} - \frac{M_y}{2b_1 r} \tag{3-36}$$

$$F_4 = \frac{F_z}{n} + \frac{2M_x(n_1a_2 + 3n_1a_4 + n_2a_4 - n_2a_2)}{(3a_2^2 + 2a_2a_4 + 3a_4^2)nr} \tag{3-37}$$

分析式（3-34）~式（3-37）可以知道：

1）与均匀非分区系统一样，四分区系统液压缸推力随着阻力矩的增大而增大，随液压缸排布半径的增大而减小。

2）为实现盾构摇摆运动，调整 A 区和 C 区液压缸压力，B 区与 D 区压

力取 A 区与 C 区压力和的平均值。

3）为实现盾构俯仰运动，调整 B 区与 D 区液压缸压力，A 区和 C 区压力值取为

$$F_3 = \frac{F_z}{n} - \frac{M_x(3n_2a_2 + n_2a_4 + n_4a_2 + 3n_4a_4)}{(3a_2^2 + 2a_2a_4 + 3a_4^2)nr} \qquad (3\text{-}38)$$

显然，若 B 区和 D 区液压缸台数相等，则式（3-39）成立

$$F_1 = F_3 = \frac{(F_2 + F_4)}{2} \qquad (3\text{-}39)$$

因此，对于四分区系统，若满足左区液压缸数与右区液压缸数相等、上区液压缸数与下区液压缸数相等时，盾构进行姿态调整时，液压缸压力是满足线性关系的。

4）由式（3-34）~式（3-37）比较可以知道，按照推力均匀的原则分配液压缸推力时，B 区和 D 区产生的力矩只对盾构的俯仰产生作用。但 A 区和 C 区除产生盾构摇摆的力矩外还产生盾构俯仰的力矩。

如图 3.4 所示，将四分区系统中求得的四个推力值中最大值 $F_{f\max} = \max(F_1, F_2, F_3, F_4)$ 和最小值 $F_{f\min} = \min(F_1, F_2, F_3, F_4)$ 作为空间力椭圆长轴的两个端点，剩下的另外两个值 F_{f1} 和 F_{f2} 作为椭圆上另外两点。

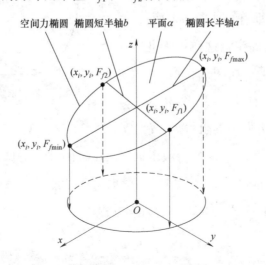

图 3.4　四分区系统空间力椭圆模型

根据椭圆参数计算公式,由式(3-40)给出空间力椭圆的偏心率

$$e_f = \sqrt{1 - \frac{1}{\frac{(F_{f\max} - F_{f\min})^2}{4r^2} + 1}} \quad (3\text{-}40)$$

由于空间力椭圆偏心率的大小反映了推进系统顶推力作用在管片上的偏载程度。式(3-40)表明:对于四分区系统,空间力椭圆偏心率随外界阻力矩的增大而增大,随着液压缸排布半径的增大而减小,而外界阻力 F_z 对系统偏载没有影响。

3.1.3 非均匀系统空间力椭圆模型构建及力传递特性分析

一般情况下,盾构液压缸应等间距的设置在支撑环的内侧,紧靠盾构外壳的地方,液压缸的伸缩方向应与盾构隧道轴线平行。但在一些特殊情况下,如地质不均匀、存在偏向载荷等客观条件时,也可考虑非等间距设置。如图3.5所示,以盾构推进液压缸排布圆周的圆心 O 为坐标原点,z 轴平行液压缸与盾构掘进方向相反,y 轴垂直 z 轴指向地面,x 轴由右手定则确定,这样笛卡儿坐标系就建立了。如图3.5所示,F_z 为 z 轴方向的合阻力,M_x 和 M_y 为

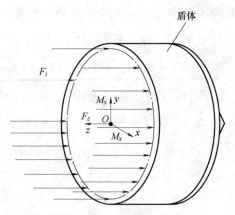

图3.5 非均匀系统受力模型

x 轴方向和 y 轴方向上的阻力矩,F_i($i=1,2,\cdots,N$)是第 i 台推进液压缸的推力,推进系统共有 N 台液压缸,液压缸的排布是非均匀的。

由图3.5的推进系统受力情况,根据第2章的推进系统力学模型,可以得到式(2-18)~式(2-20)的力学方程

$$\sum_{i=1}^{N} F_i - F_z = 0$$

$$\sum_{i=1}^{N} F_i x_i + M_y = 0$$

$$\sum_{i=1}^{N} F_i y_i - M_x = 0$$

式中，F_i 表示第 i 台液压缸的推力；(x_i, y_i) 是第 i 台液压缸的施力作用点的坐标。

由式（3-1）~式（3-4）可得矩阵式（3-41）

$$\begin{pmatrix} 1 & \cdots & 1 & 0 & 0 & 0 \\ x_1 & \cdots & x_N & 0 & 0 & 0 \\ y_1 & \cdots & y_N & 0 & 0 & 0 \\ 1 & \cdots & 0 & 1 & x_1 & y_1 \\ \vdots & 1 & \vdots & \vdots & \vdots & \vdots \\ 0 & \cdots & 1 & 1 & x_N & y_N \end{pmatrix} \begin{pmatrix} F_1 \\ \vdots \\ F_N \\ \lambda_1 \\ \lambda_2 \\ \lambda_3 \end{pmatrix} = \begin{pmatrix} F_z \\ -M_y \\ M_x \\ \dfrac{F_z}{N} \\ \vdots \\ \dfrac{F_z}{N} \end{pmatrix} \qquad (3\text{-}41)$$

同理，由于推进液压缸是圆周排布的，故式（3-13）成立

$$x_i^2 + y_i^2 = r^2$$

如图 3.6 所示，由平面方程式（3-3）和圆柱面方程式（3-13）可以知道，联立方程的解必定在两个空间曲面的空间椭圆交线上。

如图 3.6 中，联立式（3-3）和式（3-13）可以求得 F 的最大值和最小值

$$F_{\max} = \frac{F_z}{N} - \lambda_1 + r\sqrt{\lambda_2^2 + \lambda_3^2} \qquad (3\text{-}42)$$

$$F_{\min} = \frac{F_z}{N} - \lambda_1 - r\sqrt{\lambda_2^2 + \lambda_3^2} \qquad (3\text{-}43)$$

由式（3-42）和式（3-43）可得空间力椭圆的三个参数为

$$a = r\sqrt{\lambda_2^2 + \lambda_3^2 + 1} \qquad (3\text{-}44)$$

$$b = r \qquad (3\text{-}45)$$

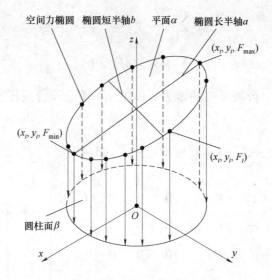

图 3.6 非均匀系统空间力椭圆模型

$$e = \sqrt{\frac{\lambda_2^2 + \lambda_3^2}{\lambda_2^2 + \lambda_3^2 + 1}} \tag{3-46}$$

式（3-46）的空间力椭圆偏心率大小表征了推进系统推力的偏载程度，偏心率越大系统偏载就越大，反之则偏载变小。以下将讨论空间力椭圆偏心率的特性。

假定矩阵方程式（3-41）中的系数矩阵的逆阵已经求得，并得式（3-47）

$$\begin{pmatrix} a_{11} & a_{12} & \cdots & a_{1,N+3} \\ a_{21} & a_{22} & \cdots & a_{2,N+3} \\ \vdots & \vdots & \vdots & \vdots \\ a_{N+3,1} & a_{N+3,2} & \cdots & a_{N+3,N+3} \end{pmatrix} \begin{pmatrix} F_z \\ -M_y \\ M_x \\ \dfrac{F_z}{N} \\ \vdots \\ \dfrac{F_z}{N} \end{pmatrix} = \begin{pmatrix} F_1 \\ \vdots \\ F_N \\ \lambda_1 \\ \lambda_2 \\ \lambda_3 \end{pmatrix} \tag{3-47}$$

其中，$\begin{pmatrix} a_{11} & a_{12} & \cdots & a_{1,N+3} \\ a_{21} & a_{22} & \cdots & a_{2,N+3} \\ \vdots & \vdots & & \vdots \\ a_{N+3,1} & a_{N+3,2} & \cdots & a_{N+3,N+3} \end{pmatrix}$ 为式（3-41）系数矩阵

$\begin{pmatrix} 1 & \cdots & 1 & 0 & 0 & 0 \\ x_1 & \cdots & x_N & 0 & 0 & 0 \\ y_1 & \cdots & y_N & 0 & 0 & 0 \\ 1 & \cdots & 0 & 1 & x_1 & y_1 \\ \vdots & 1 & \vdots & \vdots & \vdots & \vdots \\ 0 & \cdots & 1 & 1 & x_N & y_N \end{pmatrix}$ 的逆阵。

解矩阵（3-47）可求得拉格朗日参数为

$$\lambda_2 = b_{21}F_z + b_{22}M_y + b_{23}M_x \tag{3-48}$$

$$\lambda_3 = b_{31}F_z + b_{32}M_y + b_{33}M_x \tag{3-49}$$

式中，$b_{21} = a_{N+2,1} + \dfrac{1}{N}\sum\limits_{i=4}^{N+3}a_{N+2,i}$，$b_{22} = -a_{N+2,2}$，$b_{23} = a_{N+2,3}$，$b_{31} = a_{N+3,1} + \dfrac{1}{N}\sum\limits_{i=4}^{N+3}a_{N+3,i}$，$b_{32} = -a_{N+3,2}$，$b_{33} = a_{N+3,3}$。

显然，当推进系统液压缸排布参数已经确定，则拉格朗日参数中的系数必然确定。由式（3-46）可以导出式（3-50）

$$\lambda_2^2 + \lambda_3^2 = \dfrac{e^2}{1-e^2} \tag{3-50}$$

将式（3-48）和式（3-49）代入式（3-50）得式（3-51）

$$(b_{21}F_z + b_{22}M_y + b_{23}M_x)^2 + (b_{31}F_z + b_{32}M_y + b_{33}M_x)^2 = \dfrac{e^2}{1-e^2} \tag{3-51}$$

式（3-51）表明：当推力 F_z 和偏心率 e 给定时，在由变量 M_x 和 M_y 组成的平面内式（3-51）将构成椭圆。显然，给定一个 e 就应该确定一个椭圆，这样随着 e 的增加，将形成一个椭圆族。

对于确定的推力 F_z 该椭圆族的中心由式（3-52）和式（3-53）确定

$$b_{21}F_z + b_{22}M_y + b_{23}M_x = 0 \quad (3-52)$$

$$b_{31}F_z + b_{32}M_y + b_{33}M_x = 0 \quad (3-53)$$

求解式（3-52）和式（3-53）可得到中心坐标

$$M_x = \frac{b_{21}b_{32} - b_{22}b_{31}}{(b_{22}b_{33} - b_{23}b_{32})}F_z \quad (3-54)$$

$$M_y = \frac{b_{23}b_{31} - b_{21}b_{33}}{(b_{22}b_{33} - b_{23}b_{32})}F_z \quad (3-55)$$

由式（3-54）和式（3-55）可以得到式（3-51）的平移坐标为

$$M'_x = M_x + \frac{b_{21}b_{32} - b_{22}b_{31}}{(b_{22}b_{33} - b_{23}b_{32})}F_z \quad (3-56)$$

$$M'_y = M_y + \frac{b_{23}b_{31} - b_{21}b_{33}}{(b_{22}b_{33} - b_{23}b_{32})}F_z \quad (3-57)$$

将式（3-56）和式（3-57）代入式（3-51），简化后的标准二次型为

$$(b_{22}^2 + b_{32}^2)M'^2_y + (b_{23}^2 + b_{33}^2)M'^2_x + 2(b_{22}b_{23} + b_{32}b_{33})M'_yM'_x = \frac{e^2}{1-e^2} \quad (3-58)$$

式（3-58）也可用式（3-59）来表示

$$(M'_x \quad M'_y)\boldsymbol{B}\begin{pmatrix} M'_x \\ M'_y \end{pmatrix} = \frac{e^2}{1-e^2} \quad (3-59)$$

式中，$\boldsymbol{B} = \begin{pmatrix} b_{23}^2 + b_{33}^2 & b_{22}b_{23} + b_{32}b_{33} \\ b_{22}b_{23} + b_{32}b_{33} & b_{22}^2 + b_{32}^2 \end{pmatrix}$。

假定 j 和 k 为矩阵 $\boldsymbol{B}$ 的两个特征值，通过第二次坐标旋转，则式（3-59）可以化为标准二次标准型为

$$jM''^2_x + kM''^2_y = \frac{e^2}{1-e^2} \quad (3-60)$$

式（3-51）表明二次型为正定的，所以 j 和 k 为正的两个特征值。当给定 e 值时，由式（3-60）确定一椭圆。因此，当推进系统液压缸排布参数确定后，空间力椭圆偏心率等高线必为一系列的同心椭圆。推进系统的

排布参数决定了同心椭圆族的形状。

同心椭圆族形状参数偏心率可以由式（3-61）确定

$$e_f = \sqrt{1 - \frac{\min(j,k)}{\max(j,k)}} \qquad (3\text{-}61)$$

由式（3-61）表明，椭圆族的形状由特征值 j 和 k 决定，而两个特征值又由推进系统液压缸的排布参数确定，因此其椭圆形状并不受外界阻力和阻力矩影响。

3.1.4 空间力椭圆模型应用

如图3.7，某直径为6.34m盾构推进系统结构基本参数为：液压缸排布圆半径 $r=2.85\text{m}$，液压缸台数 $N=22$，盾构主机重 $W=200\text{t}$，主机长 $L=7420\text{mm}$。盾构在覆土厚度为26m的地下掘进。

如图3.8所示，为降低系统控制复杂程度和控制成本，盾构推进液压缸分为四个区：A区和C区有6台液压缸；B区和D区有5台液压缸。盾构掘进时，通过单独控制每区液压缸的压力和速度实现盾构的掘进和姿态调整，目前该结构已经成功的应用到很多地铁施工中。

图3.7 直径6.34m盾构

在自动控制系统或小型盾构中，推进系统的压力和速度是通过单独控制每台液压缸实现的。所有液压缸的合力就是推进系统的推力合作用点。

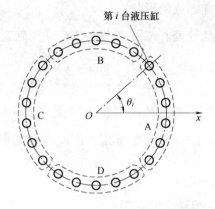

图 3.8 四分区系统

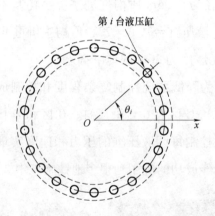

图 3.9 均匀系统

如图 3.9 所示，推进系统液压缸均匀排布，但液压缸不进行分区控制。为了更好地比较三类推进系统的优缺点，现假定了三套非均匀排布系统，如图 3.10~图 3.12 所示。

如图 3.8~图 3.12 所示，假定第 i 台液压缸中心与推进系统液压缸排布中心的连线和 x 轴正向的夹角为 θ_i，把夹角 θ_i 称为第 i 台液压缸的相位角，该相位角就是该液压缸的排布参数。则所有液压缸的相位角就是推进系统液压缸的排布参数。图 3.8 和图 3.9 中，推进系统液压缸的排布是均匀的，因此每两台液压缸的相位夹角是常数。图 3.10~图 3.12 中三套非均匀系统对应的液压缸相位角参数值见表 3-1。

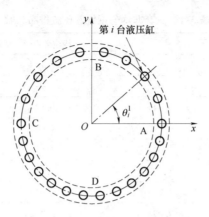

图 3.10 第一套非均匀系统

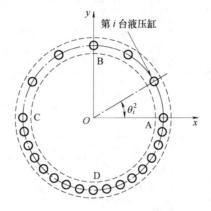

图 3.11 第二套非均匀系统

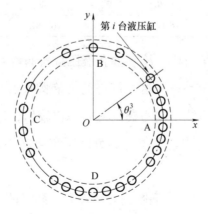

图 3.12 第三套非均匀系统

表 3-1 三套非均匀系统液压缸排布参数

液压缸 i	相位角/rad		
	θ_i^1	θ_i^2	θ_i^3
1	0	0	0.087
2	0.349	0.524	0.262
3	0.698	1.047	0.436
4	1.047	1.571	0.611
5	1.396	2.094	1.178
6	1.745	2.618	1.571
7	2.094	3.142	1.964
8	2.443	3.338	2.670
9	2.793	3.534	2.985
10	3.142	3.731	3.299
11	3.383	3.927	3.613
12	3.625	4.123	4.123
13	3.867	4.320	4.320
14	4.108	4.516	4.516
15	4.350	4.712	4.712
16	4.592	4.909	4.909
17	4.833	5.105	5.105
18	5.075	5.301	5.301
19	5.317	5.498	5.672
20	5.558	5.694	5.847
21	5.800	5.891	6.021
22	6.042	6.087	6.196

将给定的均匀系统盾构结构参数和液压缸排布参数代入空间力椭圆模型，可以得到均匀系统和四分区系统空间力椭圆偏心率分布图。定义 e/e_f 为均匀系统和四分区系统空间力椭圆偏心率比较值，该值的大小决定了两系统偏心率的相差度。均匀系统与四分区系统空间力椭圆偏心率的比较，如图 3.13 所示。

由图 3.13 可以看出：①椭圆偏心率表征了系统推力作用在管片上的均匀程度，图 3.13a 中显示均匀系统偏心率随着外界阻力矩的增大呈圆形递

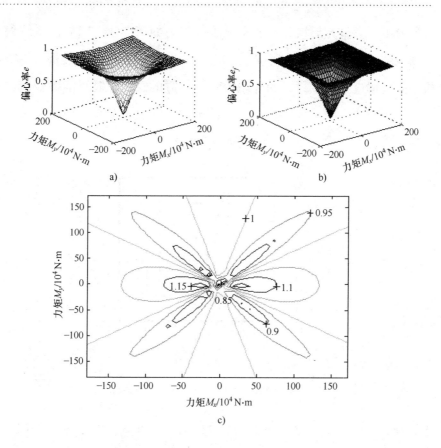

图 3.13 均匀系统与四分区系统空间力椭圆偏心率比较

a) 均匀系统空间力椭圆偏心率分布 b) 四分区系统空间力椭圆偏心率分布

c) 均匀系统与四分区系统偏心率比值分布

增；而图 3.13b 中显示四分区系统是呈方形递增的。②通过计算可以求得两系统偏心率的比值范围在 0.85~1.15。因此，虽然四分区系统由于各区压力的非均匀过渡性容易产生剪切力，使管片被压溃，但偏载程度在两系统上的影响几乎相同。因此，考虑人工控制简单和低成本等因素，该盾构在工程应用时也经常采用四分区系统进行施工。

假定四分区系统在两种地质条件下掘进：一种地质对盾构产生的外界阻力为 $1 \times 10^7 N$；另一种地质对盾构产生的外界阻力为 $2 \times 10^7 N$。图 3.14 是四分区系统在两种地质条件下力椭圆偏心率等高线，图中显示偏心率随着外阻力矩增大呈方形增加。但是无论外阻力如何变化，四分区系统偏心率等高线的中心总是固定在原点，因此，如果盾构主机刀盘过重，掘进面异质和曲线掘进等产生过大的外阻力矩，后方的管片随时可能被较大的液压缸顶推力压溃。因此，虽然四分区系统的控制比较简单，但该系统却不能避免由于过大外阻力矩产生的偏载现象。

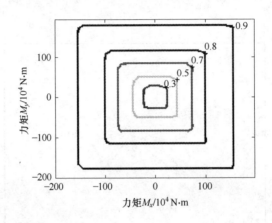

图 3.14　四分区系统在两种地质条件下力椭圆偏心率等高线

同理，如图 3.15 所示，可以画出均匀系统在两种地质引起的外阻力为 1×10^7N 和 2×10^7N 下力椭圆偏心率等高线，由图 3.15 可以看出均匀系统的偏心率随外阻力矩的增大呈圆形递增。与四分区系统的偏心率等高线比较可以看出：均匀系统的偏心率中心仍然在原点。因此这种结构也不能避免由于过大偏载产生管片被压溃的问题。

将表 3-1 中第一套非均匀系统液压缸排布参数代入非均匀系统力椭圆模型，可得到如图 3.16 所示的该系统在两种地质引起的外阻力为 $F_z=1.2\times10^7$N 和 $F_z=2.3\times10^7$N 时力椭圆偏心率等高线。由图 3.16 可以看出该系统在不同地质条件下力椭圆偏心率以各自的中心随外阻力矩的增大而呈椭圆递增。虽然，不同的外阻力下系统偏心率椭圆族的形状是一样的，但是其中心却不相同。系统在 $F_z=1.2\times10^7$N 和 $F_z=2.3\times10^7$N 下的偏心率椭圆中心分别为（-398.7，0）和（-764.1，0）。

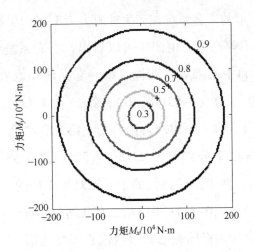

图 3.15　均匀系统在两种不同地质下力椭圆偏心率等高线

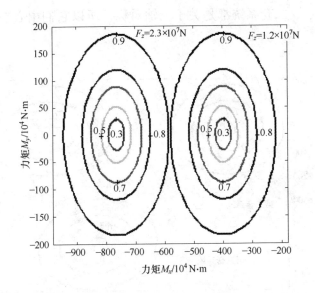

图 3.16　第一套非均匀系统在两种地质下力椭圆偏心率等高线

由式（3-54）和式（3-55）可以知道对于非均匀系统的中心，当系统液压缸的排布参数确定后，中心的坐标值与外阻力 F_z 成正比。因此，当外阻力为 2.3×10^7 N 时中心点在 x 轴上的绝对值比阻力为 1.2×10^7 N 时要大，中心坐标的比值为 23∶12。

将三套非均匀系统的液压缸排布参数都代入各自的力椭圆模型，可以得到如图3.17所示的三套系统在产生外阻力为$1.0 \times 10^7 N$的同一地质条件下的力椭圆偏心率等高线。由图中可以看出，三套系统就有三套椭圆族，它们椭圆的形状和中心都各不相同。第一套系统中心在（-332.2，0），而第二套系统中心为（-831.8，0），第三套系统中心为（-469.5，-468.7）。由式（3-61）可以求得第一套、第二套和第三套推进系统椭圆族的形状参数偏心率分别是0.2315、0.5583和0.5377。由图3.10和图3.11可以看出，两者虽然都是关于y轴对称布局的，但是图3.10中的第一套非均匀系统要比图3.11中的第二套非均匀系统液压缸排布上要更均匀些，因此第一套中的椭圆族形状参数偏心率要比第二套的椭圆族形状参数偏心率小。同理可以知道第三套系统椭圆族形状参数偏心率也比第二套小。由于第一、二套系统都是关于y轴对称，所以它们中心在y轴上的值总是为零。

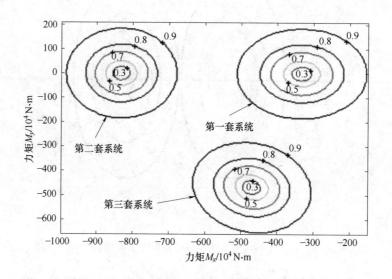

图3.17　三套非均匀系统在同一地质条件下力椭圆偏心率等高线

三套非均匀系统可以适用于三种不同的地质条件，可以根据地质条件的不同进行盾构推进系统的选型和设计。表3-2列出了这三套非均匀系统适应地质条件。

表 3-2 非均匀系统适应地质条件

布 局	适应地质条件
第一套非均匀系统	1）外载产生水平阻力矩比较小 2）掘进路线相对是直线并且地质比较均匀
第二套非均匀系统	1）外载产生水平力矩比第一套可以大一些 2）掘进路线相对是直线并且地质比较均匀
第三套非均匀系统	1）主机较重，具有较强的低头倾向 2）掘进路线是曲线并且地质条件也比较不均匀

假定某一盾构主机产生的水平力矩 M_x 约为 $-330\times10^4\text{N}\cdot\text{m}$，在某一地质条件下需要克服的阻力为 $F_z=1.0\times10^7\text{N}$，同时，盾构在较均匀的地质条件进行直线掘进，因此这时纵向力矩 M_y 接近于零。根据表 3-2 和提供的地质条件，这时可以采用第一套非均匀系统进行盾构施工。因为，通过以上的力椭圆偏心率分析可以知道：采用该系统作用在管片上的力比较均匀，易于保护管片不被压溃。

3.2 复合地层下推进系统空间力椭圆模型构建及力传递特性分析

3.2.1 推进系统偏心率"树干"模型构建及力传递特性分析

回顾上式（3-51）可知，推力在空间上的分布呈椭圆形状，将其变形可得如下形式

$$e=\sqrt{\frac{(b_{21}F_z+b_{22}M_y+b_{23}M_x)^2+(b_{31}F_z+b_{32}M_y+b_{33}M_x)^2}{(b_{21}F_z+b_{22}M_y+b_{23}M_x)^2+(b_{31}F_z+b_{32}M_y+b_{33}M_x)^2+1}} \quad (3\text{-}62)$$

式（3-62）表明，如果给定偏心率 e，M_x、M_y 和 F_z 组成的三维坐标系将会形成一个椭圆柱面（偏心率圆柱环），如图 3.18 所示，偏心率圆柱环上的每一点偏心率都相等，给定一系列的偏心率，必将会形成一个以某条

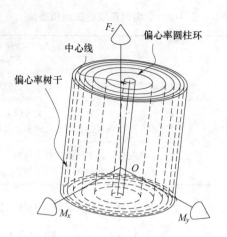

图 3.18 推进系统偏心率树干模型

线为中心的椭圆柱面族,我们称该椭圆柱面族为偏心率树干模型。从图3.18很容易观察到:在空间三维坐标系内 M_x、M_y 和 F_z 均在发生变化,相比于均匀地层下空间力椭圆模型,该模型的掘进阻力 F_z 是一个变化的值。在实际的隧道施工建设过程中,地质条件的复杂程度是难以预测的,绝大多数情况下地质条件都是由几种均匀地层通过一定的耦合作用形成的复合地层,在此复合地层下掘进阻力 F_z、水平阻力矩 M_x 和纵向阻力矩 M_y 都将在一个随机的区间内发生变化,而在这种情况下式(3-62)将在空间形成一组以 M_x、M_y 和 F_z 为空间三维坐标系的椭圆柱面环。

大多数工程中,推进系统液压缸等间距分布。同时,为了控制简单,降低成本,所有液压缸被分为四区。在推进过程中,通过调节每一区液压缸产生的压力和速度来控制盾构行进过程中姿态的调整变化。

每一区液压缸都沿着半径为 r 的圆周均匀排布,因此可以得到式(3-9)~式(3-12)。把式(3-9)~式(3-12)代入式(3-41)和式(3-47),可以得到式(3-48)和式(3-49)的参数式

$$b_{21} = b_{31} = b_{23} = b_{32} = 0 \qquad (3\text{-}63)$$

$$b_{22} = b_{33} = -\frac{2}{Nr^2} \qquad (3\text{-}64)$$

把式（3-63）和（3-64）带入式（3-51），可以得到式（3-65）

$$\frac{4}{N^2 r^4} M_x^2 + \frac{4}{N^2 r^4} M_y^2 = \frac{e^2}{1-e^2} \tag{3-65}$$

式（3-65）表明，对于均匀系统，给定一个偏心率 e，必然会在由 M_x、M_y 和 F_z 组成的空间坐标系中形成一个圆柱面。给定一系列的 e 值，就会形成一系列圆柱面树干，树干的中心线为 z 轴。圆柱面半径取决于液压缸数量 N 和液压缸排布半径 r。

3.2.2 推进系统偏心率圆锥面模型构建及力传递特性分析

根据已有的盾构推进系统力学模型，通过求解方程式（3-41），液压缸推力 F_i 构成一个空间椭圆。椭圆的偏心率是用于衡量单一地质中推进系统液压缸群顶推力的均匀程度。但是在实际的工程中几乎没有单一均匀地质，F_z、M_x 和 M_y 很难从给定的地质参数中计算出来，而且它们会随地质条件的变化在一定范围内发生变化。除此之外，很多情况下式（3-62）构成的空间力椭圆偏心率 e 很容易接近 1，而在空间力椭圆偏心率 e 相等的情况下，通过什么方式判别推进系统力传递特性的好坏成为这一小节亟待解决的问题。因此本小节通过使用推力变化相对系数 d_{ri} 来分析盾构推进系统在复合地层中顶推力的相对均匀程度

$$d_{ri} = (F_i - \overline{F})/\overline{F} \tag{3-66}$$

将式（3-66）代入式（3-3）中，可以得到方程式

$$\overline{F} d_{ri} + \lambda_1 + \lambda_2 x_i + \lambda_3 y_i = 0 \tag{3-67}$$

由于液压缸沿着圆周排布，所以式（3-13）成立。

如图 3.19 所示，式（3-67）表示空间平面 α，式（3-13）确定半径 r 的圆柱面 β。空间点 (x_i, y_i, d_{ri}) 在面 Oxy 和面 α 相交的空间椭圆曲线上，两个平面存在一个 γ 的相交角度，推力变化相对系数空间椭圆偏心率表示推进系统液压缸群顶推力的均匀程度。通过将式（2-18）~式（2-20）和式（3-67）结合起来，可以推导出以下矩阵

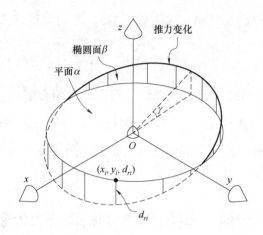

图 3.19 推进系统推力变化相对系数空间椭圆模型

$$\begin{pmatrix} 1 & \cdots & 1 & 0 & 0 & 0 \\ x_1 & \cdots & x_N & 0 & 0 & 0 \\ y_1 & \cdots & y_N & 0 & 0 & 0 \\ \overline{F} & \cdots & 0 & 1 & x_1 & y_1 \\ \vdots & \overline{F} & \vdots & \vdots & \vdots & \vdots \\ 0 & \cdots & \overline{F} & 1 & x_N & y_N \end{pmatrix} \begin{pmatrix} d_{r1}+1 \\ \vdots \\ d_{rN}+1 \\ \lambda_1 \\ \lambda_2 \\ \lambda_3 \end{pmatrix} = \begin{pmatrix} N \\ -\dfrac{M_y}{\overline{F}} \\ \dfrac{M_x}{\overline{F}} \\ \overline{F} \\ \vdots \\ \overline{F} \end{pmatrix} \quad (3\text{-}68)$$

由式（3-67）和式（3-13），可以得到推力变化相对系数最大值和最小值分别为

$$d_{r\max} = (-\lambda_1 + r\sqrt{\lambda_2^2 + \lambda_3^2})/\overline{F} \quad (3\text{-}69)$$

$$d_{r\min} = (-\lambda_1 - r\sqrt{\lambda_2^2 + \lambda_3^2})/\overline{F} \quad (3\text{-}70)$$

根据式（3-69）和式（3-70），推力变化相对系数空间椭圆的参数为

$$a = r\sqrt{[(\lambda_2^2 + \lambda_3^2)/\overline{F}^2] + 1} \quad (3\text{-}71)$$

$$b = r \quad (3\text{-}72)$$

$$e = \sqrt{\dfrac{(\lambda_2^2 + \lambda_3^2)/\overline{F}^2}{[(\lambda_2^2 + \lambda_3^2)/\overline{F}^2] + 1}} \quad (3\text{-}73)$$

施加在管片上的推力偏载程度可以从式（3-73）推力变化相对系数空间椭圆模型的偏心率反映出来。如果式（3-68）的系数矩阵的逆矩阵是矩阵 A，之前的矩阵方程可以写为

$$A\begin{pmatrix} N \\ -\dfrac{M_y}{\overline{F}} \\ \dfrac{M_x}{\overline{F}} \\ \dfrac{\overline{F}}{\overline{F}} \\ \vdots \\ \dfrac{\overline{F}}{\overline{F}} \end{pmatrix} = \begin{pmatrix} d_{r1}+1 \\ \vdots \\ d_{rN}+1 \\ \lambda_1 \\ \lambda_2 \\ \lambda_3 \end{pmatrix} \quad (3\text{-}74)$$

其中，$A = \begin{pmatrix} a_{11} & a_{12} & \cdots & a_{1,N+3} \\ a_{21} & a_{22} & \cdots & a_{2,N+3} \\ \vdots & \vdots & & \vdots \\ a_{N+3,1} & a_{N+3,2} & \cdots & a_{N+3,N+3} \end{pmatrix}$。

通过求解方程式（3-74），两个拉格朗日参数可以表达为

$$\lambda_2 = b_{21}N + b_{22}\dfrac{M_y}{\overline{F}} + b_{23}\dfrac{M_x}{\overline{F}} \quad (3\text{-}75)$$

$$\lambda_3 = b_{31}N + b_{32}\dfrac{M_y}{\overline{F}} + b_{33}\dfrac{M_x}{\overline{F}} \quad (3\text{-}76)$$

其中，$b_{21}=a_{N+21}$，$b_{22}=-a_{N+22}$，$b_{23}=a_{N+23}$，$b_{31}=a_{N+31}$，$b_{32}=-a_{N+32}$，$b_{33}=-a_{N+33}$。

通过把式（3-75）和式（3-76）代入式（3-73）中得

$$\left(b_{21}N + b_{22}\dfrac{M_y}{\overline{F}} + b_{23}\dfrac{M_x}{\overline{F}}\right)^2 + \left(b_{31}N + b_{32}\dfrac{M_y}{\overline{F}} + b_{33}\dfrac{M_x}{\overline{F}}\right)^2 = \dfrac{e^2}{1-e^2} \quad (3\text{-}77)$$

对于确定的推力 F_z 和 e，平移坐标轴可以得到下列方程

$$M'_x = M_x + \dfrac{(b_{21}b_{32} - b_{22}b_{31})}{(b_{22}b_{33} - b_{23}b_{32})}F_z \quad (3\text{-}78)$$

$$M'_y = M_y + \frac{(b_{21}b_{31} - b_{22}b_{33})}{(b_{22}b_{33} - b_{23}b_{32})}F_z \tag{3-79}$$

把式（3-78）和式（3-79）代入式（3-77），一个关于方程式（3-77）的标准二次型可以得到

$$(b_{22}^2 + b_{32}^2)M_y'^2 + (b_{23}^2 + b_{33}^2)M_x'^2 + 2(b_{22}b_{23} + b_{32}b_{33})M_y'M_x' = \frac{F_z^2 e^2}{N^2(1-e^2)} \tag{3-80}$$

根据式（3-80），二次型矩阵可以化为

$$(M'_x \quad M'_y)B\begin{pmatrix}M'_x \\ M'_y\end{pmatrix} = \frac{F_z^2 e^2}{N^2(1-e^2)} \tag{3-81}$$

其中，$B = \begin{pmatrix} b_{23}^2 + b_{33}^2 & b_{22}b_{23} + b_{32}b_{33} \\ b_{22}b_{23} + b_{32}b_{33} & b_{22}^2 + b_{32}^2 \end{pmatrix}$。

假定 j 和 k 为矩阵 B 的两个特征值，通过二次坐标转换，式（3-81）化为二次标准型为

$$jM_x''^2 + kM_y''^2 = \frac{F_z^2 e^2}{N^2(1-e^2)} \tag{3-82}$$

显然，由于 B 是一个正定矩阵，所以 j 和 k 是正数，因此，给定 e 和 F_z 的值可以通过式（3-82）确定一个椭圆。如图 3.20 所示，当偏心率 e 确定，由式（3-82）可以确定一个偏心率圆锥面模型，推进系统液压缸布局参数决定圆锥面的形状。如果特征值 k 大于 j，则圆锥椭圆截面短半轴和长半轴为：

$$a = \frac{F_z}{N}\sqrt{\frac{e^2}{j(1-e^2)}} \tag{3-83}$$

$$b = \frac{F_z}{N}\sqrt{\frac{e^2}{k(1-e^2)}} \tag{3-84}$$

式（3-83）和式（3-84）表明，j 和 k 的值确定了偏心率空间椭圆锥面的形状。推进系统的排布参数决定了椭圆轮廓，而与外界载荷无关。然而，

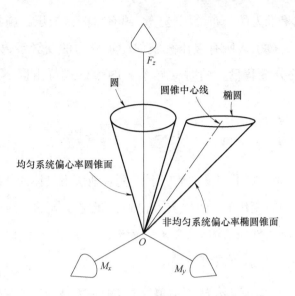

图 3.20 推进系统推力变化相对系数空间椭圆锥面模型

从图中可以看出椭圆长轴和外部载荷的关系是线性的，短轴也同样如此。当液压缸均匀分布时，j 和 k 相等，这表明均匀排布系统推力变化相对系数偏心率模型为圆锥面。

3.2.3　推进系统适应性模型构建及力传递特性分析

基于空间椭圆力传递模型，在均匀地层下对推进系统的布局进行了研究。然而，隧道建设工程不存在纯粹的均匀地层，其在特定的地质条件下可以推导出阻力 F_z、阻力矩 M_x 和 M_y 的变化范围。盾构由液压缸推进，第 i 台液压缸施加的力等于 F_i。式（3-47）表明，当外载荷 F_z、M_y 和 M_x 在复合地层下变化时，所有的力 F_i 将在给定的推进系统参数下发生变化。外部载荷 F_z、M_y 和 M_x 和所有液压缸推力 F_i 的对应关系在矩阵方程式（3-47）可以得到。然而，方程式（3-47）的系数矩阵是由推进系统中所有液压缸的布局参数所确定。当所有液压缸的空间位置 (x_i, y_i) $(i = 1, 2, \cdots, N)$ 均已获得时，外部载荷和所有液压缸推力之间的一对一映射关系将被确定。众所周知，液压缸施加的顶推力分布越均匀，则后方管片受到压溃的可能性就越小。如果推力的分布范围越广,越有可能是液压缸施加了较大的顶推力。因此,通过引入所有液压缸施加的顶推力的变异系数 CV 来衡量所有顶推力 F_i 的分散程度,同时变异系数的表达式可由以下公式(3-85)表示。

$$CV = \sqrt{\frac{1}{N}\sum_{i=1}^{N}(F_i - \overline{F})^2}\bigg/\overline{F} \qquad (3\text{-}85)$$

CV 值的改变反映了在复合地层下(复合地层下具体的外载荷数值不可获得,但外载荷的变化范围可以测量得到)推进系统的适应能力。因此如果给出隧道地质条件和结构参数,CV 应该是一系列的连续值。

根据式(3-47),下式可被导出

$$F_i = a_{i1}F_z - a_{i2}M_y + a_{i3}M_x + \overline{F}\sum_{j=4}^{N+3}a_{ij} \qquad (3\text{-}86)$$

由式(3-47)系数矩阵与其逆矩阵之间的关系可得式(3-87)

$$\begin{pmatrix} a_{11} & a_{12} & a_{13} & \cdots & a_{1,N+3} \\ \vdots & \vdots & \vdots & & \vdots \\ a_{N+1,1} & a_{N+1,2} & a_{N+1,3} & \cdots & a_{N+1,N+3} \\ a_{N+2,1} & a_{N+2,2} & a_{N+2,3} & \cdots & a_{N+2,N+3} \\ a_{N+3,1} & a_{N+3,2} & a_{N+3,3} & \cdots & a_{N+3,N+3} \end{pmatrix} \begin{pmatrix} 1 & \cdots & 1 & 0 & 0 & 0 \\ x_1 & \cdots & x_N & 0 & 0 & 0 \\ y_1 & \cdots & y_N & 0 & 0 & 0 \\ 1 & \cdots & 0 & 1 & x_1 & y_1 \\ \vdots & 1 & \vdots & \vdots & \vdots \\ 0 & \cdots & 1 & 1 & x_N & y_N \end{pmatrix}$$

$$= \begin{pmatrix} 1 & 0 & \cdots & 0 & 0 & 0 \\ & \ddots & & & & \\ \vdots & & 1 & & & \vdots \\ & & & \ddots & & \\ 0 & & & & \ddots & 0 \\ 0 & \cdots & & & 0 & 1 \end{pmatrix} \qquad (3\text{-}87)$$

由式(3-87)可推得

$$\sum_{j=4}^{N+3} a_{ij} = 0 \quad (i = 1,2,\cdots,N) \qquad (3\text{-}88)$$

将式（3-88）代入到式（3-86），可以得到简化方程式（3-89）

$$F_i = a_{i1}F_z - a_{i2}M_y + a_{i3}M_x \tag{3-89}$$

让式（3-89）插入式（3-85）中，可以得到下面的方程式（3-90）

$$CV = \sqrt{\frac{1}{N}\sum_{i=1}^{N}(a_{i1}F_z - a_{i2}M_y + a_{i3}M_x)^2 - \frac{F_z^2}{N^2}} \Big/ \overline{F} \tag{3-90}$$

然后，扩展方程式（3-90）可以得到

$$\sum_{i=1}^{N}(a_{i1}F_z - a_{i2}M_y + a_{i3}M_x)^2 = (CV^2 + 1)\frac{F_z^2}{N} \tag{3-91}$$

从式（3-91）可得到下面的扩展式（3-92）

$$\left(\sum_{i=1}^{N}a_{i3}^2\right)M_x^2 + \left(\sum_{i=1}^{N}a_{i2}^2\right)M_y^2 + \left(\sum_{i=1}^{N}a_{i1}^2\right)F_z^2 - 2\left(\sum_{i=1}^{N}a_{i2}a_{i3}\right)M_xM_y -$$

$$2\left(\sum_{i=1}^{N}a_{i1}a_{i2}\right)M_yF_z + 2\left(\sum_{i=1}^{N}a_{i1}a_{i3}\right)M_xF_z = (CV^2 + 1)\frac{F_z^2}{N} \tag{3-92}$$

当给定 F_z 和 CV 值，通过以下方程可以实现坐标轴的旋转运动

$$(M_x \quad M_y \quad F_z)\mathbf{P}\begin{pmatrix}M_x\\M_y\\F_z\end{pmatrix} = 0 \tag{3-93}$$

其中，$\mathbf{P} = \begin{pmatrix} \sum_{i=1}^{N}a_{i3}^2 & -\sum_{i=1}^{N}a_{i2}a_{i3} & \sum_{i=1}^{N}a_{i1}a_{i3} \\ -\sum_{i=1}^{N}a_{i2}a_{i3} & \sum_{i=1}^{N}a_{i2}^2 & -\sum_{i=1}^{N}a_{i1}a_{i2} \\ \sum_{i=1}^{N}a_{i1}a_{i3} & -\sum_{i=1}^{N}a_{i1}a_{i2} & \left(\sum_{i=1}^{N}a_{i1}^2 - \frac{CV^2}{N} - \frac{1}{N}\right) \end{pmatrix}$。

当 CV 值被给出，矩阵 $\mathbf{P}$ 的三个特征值，j、k 和 l 可以由方程式（3-92）求得且方程式（3-92）的二次系数形式可以表示为

$$jM_x'^2 + kM_y'^2 + lF_z'^2 = 0 \tag{3-94}$$

显然，在方程式（3-94）中可以看出某一个特征值的符号肯定与其他特征值的符号不相同，空间曲面的形状将由方程式（3-94）确定。即，空间曲面的形状取决于方程式（3-91）的同时也取决于方程式（3-94），其

中外部偏载 F_z、M_x、M_y 如图 3.21 所示。

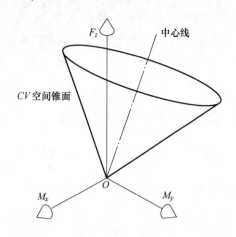

图 3.21 推进系统的 CV 空间锥面

3.3 本章小结

本章在第 2 章构建的推进系统力学模型基础上，根据盾构施工过程中作用在管片上的顶推力均匀原则，引入优化函数。通过拉格朗日函数求解，分别构建了均匀地层条件下的均匀系统空间力椭圆模型、四分区系统空间力椭圆模型、非均匀系统空间力椭圆模型，复合地层条件下的偏心率"树干"模型、偏心率椭圆锥面模型和适应性模型。通过空间力椭圆模型分别分析了各类推进系统的力传递特性，最后通过将空间力椭圆模型应用到现有工程案例中，分析了各类推进系统的不同适用地质条件。综合特性分析和应用案例，可以知道：

1）空间力椭圆偏心率可以用来分析盾构掘进过程中推进系统液压缸群顶推力的均匀状况。

2）对于非均匀系统，液压缸排布参数决定了力椭圆偏心率椭圆族的形状。因此，虽然系统可能在不同的地质条件下工作，但所有椭圆族的形状都是相同的。当形状确定后，由外阻力确定中心点位置。

3）对于目前工程中使用的均匀系统，力椭圆偏心率的中心总是固定在原点，因此难以避免由于过大外阻力矩引起的偏载现象。而非均匀系统可以针对不同的地质情况进行优化，保证在较大阻力矩下仍然保持较小的偏载，有效地保护管片。

4）偏心率"树干"模型可以表征在给定复合地质条件下掘进阻力 F_z、水平阻力矩 M_x 和横向阻力矩 M_y 在某一区间内变化的力传递特性，随着偏心率的变化，会形成一个个同心椭圆柱面环。

5）在某些情况下，如两套系统的空间力椭圆偏心率相等，使用偏心率椭圆锥面模型更具实用性，该模型表征了盾构推进系统在复合地层中液压缸顶推力的相对均匀程度。

6）CV 值表征了盾构推进系统液压缸顶推力的分散程度，而 CV 值的改变反映了在复合地层下推进系统的适应能力。

参 考 文 献

[1] 王振信. 盾构法隧道的耐久性 [J]. 地下工程与隧道, 2002 (2): 2-5.

[2] 竺维彬, 鞠世健. 盾构隧道管片开裂的原因及相应对策 [J]. 现代隧道技术, 2003, 40 (1): 21-25.

[3] 秦建设, 朱伟, 陈剑. 盾构姿态控制引起管片错台及开裂问题研究 [J]. 施工技术, 2004, 33 (10): 25-27.

[4] 梁仲元, 陈俊生, 莫海鸿, 等. 广州地铁盾构施工阶段管片开裂原因初探 [J]. 广东土木与建筑, 2004 (3): 23-25.

[5] 陈俊生, 莫海鸿, 梁仲元. 盾构隧道施工阶段管片局部开裂原因初探 [J]. 岩石力学与工程学报, 2006, 25 (05): 906-910.

[6] CHEN J S, MO H H. Numerical study on crack problems in segments of shield tunnel using finite element method [J]. Tunnelling and Underground Space Technology, 2009, 24 (1): 91-102.

[7] DENG K, TANG X, WANG L, et al. On the analysis of force transmission performance for

the thrust systems of shield tunneling machines.［C］International Conference on Intelligent Robotics & Applications. Springer-Verlag, 2009: 268-278.

［8］同济大学数学教研室. 高等数学: 上册,［M］. 4 版. 北京: 高等教育出版社, 1996.

［9］郑世加, 王飞, 郑余朝. 小半径曲线盾构地段的纵向结构分析［J］. 四川建筑, 2007, 27 (1): 96-97.

［10］凌宇峰, 李章林. 小曲线半径盾构轴线控制技术［J］. 上海建设科技, 2003 (1): 34-36.

［11］地盘工学会. 盾构法的调查·设计·施工［M］. 朱清山, 译. 北京: 中国建筑工业出版社, 2008.

［12］MAIDL B, HERRENKNECHT M, ANHEUSER L. Mechanised Shield Tunnelling［M］. Berlin: Ernst & Sohn, 1996.

［13］张凤祥, 朱合华, 傅德明. 盾构隧道［M］. 北京: 人民交通出版社, 2004.

［14］闵锐, 黄健. ϕ6.34m 土压平衡盾构掘进机［J］. 建筑机械, 2002 (12): 46-49.

［15］DENG K, LI Y, YIN Z. Thrust distribution characteristics of thrust systems of shield machines based on spatial force ellipse model in mixed ground［J］. Journal of Mechanical Science and Technology, 2016, 30 (1): 279-286.

［16］DENG K, XIANG C, MENG B, et al. A force transmission assessment method for thrust system in shield machines based on the relative coefficient in compound ground［J］. Automation in Construction, 2017 (83): 354-359.

［17］DENG K, ZHANG X, YANG J, et al. Deformation characteristics under variable stiffness for the propelling mechanism of EPB shield machines in mixed ground［J］. Journal of Mechanical Science and Technology, 2014, 28 (9): 3679-3685.

［18］ZHANG F, ZHU H, Fu D. Shield Tunnelling Method［M］. Beijing: China Communications Press, 2004.

［19］Guglielmetti V, Grasso P, Mahtab A, et al. Mechanised tunnelling in urban areas［J］. Tunnels and Tunnelling International, 2007, 12: 21-23.

［20］DENG K, MENG B, XIANG C, Adaptability to stratum characteristics for layout of thrust system in tunneling machines based on variation coefficient［J］. Advances in Mechanical Engineering, 2016, 8 (12): 1-9.

第4章

推进系统力传递评估方法及指标

在之前的三章，盾构推进系统力学模型和力传递特性模型均已得到建立。在第一章中着重提到，管片的破裂是目前隧道施工建设中遇到的主要问题。究其原因，盾构推进系统作用于后方管片的顶推力所表现出的偏载效应是其最主要的影响因素。因此，如何降低偏载带来的严重影响，并通过何种方法和指标对偏载的大小进行有效的衡量是接下来盾构推进系统设计理论研究过程中首要要解决的问题。本章将就推进系统力传递评估方法和指标建立一套评价体系，该体系包括盾构推进系统偏心率"树干"法，推力变化相对系数法和推力变异系数法。通过利用此三种评价方法及所对应的指标，本章将对盾构推进系统不同布局下产生的偏载大小做出具体的评估，为之后推进系统的优化布局设计提供理论指导和遵循原则。

4.1 偏心率"树干"法

根据5.1.3小节已有的盾构结构参数以及给定的推进系统液压缸布局参数，利用偏心率"树干"法对五套推进系统布局进行横向比较，具体过程如下：

把均匀系统参数和表5-1中非均匀系统参数带入式(3-62)可以得到五套推进系统的偏心率"树干"模型，相应结果如图4.1~图4.5所示。

图中所有的椭圆环柱面表明，距离"树干"中心线越近，偏心率下降得越快。虽然五套系统的液压缸数目相同，但"树干"的形状和位置取决于液压缸的布局参数。因此，即便是在外部阻力 M_x、M_y 和 F_z 变化范围相同的地质条件下，配置数目相同但布局不同的液压缸推进系统也将表现出不同的

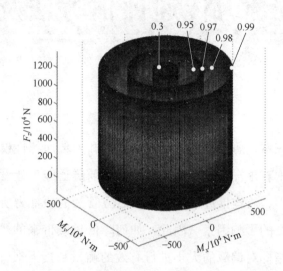

图 4.1　第一套均匀推进系统偏心率"树干"模型

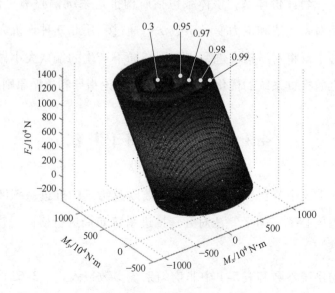

图 4.2　第二套非均匀推进系统偏心率"树干"模型

力学特性。不同的布局安排能够适应不同的地质条件,如何选出最优的推进系统取决于盾构受到的外部阻力范围。本书将这种力传递评估方法称为偏心率"树干"法。

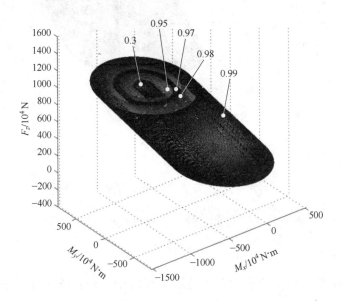

图4.3 第三套非均匀推进系统偏心率"树干"模型

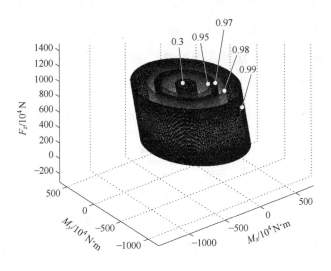

图4.4 第四套非均匀推进系统偏心率"树干"模型

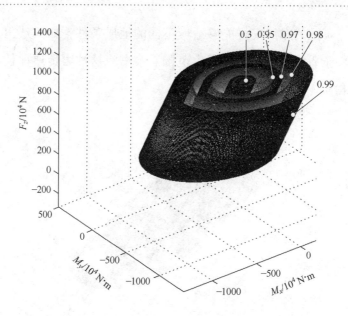

图 4.5　第五套非均匀推进系统偏心率"树干"模型

1. 数值分析

设直径为 6.34m 的盾构在下述施工环境中工作：隧道土体和刀盘的重量对机器产生的掘进阻力 F_z 变化范围为 $0.9\times10^7 \sim 1.1\times10^7 \mathrm{N}$，水平阻力矩 M_x 和纵向阻力矩 M_y 变化范围分别为 $-258.5\times10^4 \sim -231.5\times10^4 \mathrm{N\cdot m}$ 和 $-709.8\times10^4 \sim -675.1\times10^4 \mathrm{N\cdot m}$。

将所有的液压缸参数带入偏心率"树干"模型中，其中取偏心率为 0.3，如图 4.6 所示，只有第五套系统上检测到了外部载荷的变化。因此，在此给定地质条件下，相比其他四套系统而言，第五套系统可确定为最优适应性系统。

2. ADAMS 仿真分析

基于直径为 6.34m 的盾构结构参数和后文中所有液压缸的布局参数，可以建立每套推进系统的三维动力学模型。基于表 5-1 中第五套非均匀系统的液压缸排布参数，第五套非均匀系统的 ADAMS 原型虚拟仿真样机如图 4.7 所示。图 4.9~图 4.11 是比较第五套系统中的第 1 台、第 6 台和第 12 台液压缸在图 4.8 所示阻力条件下的仿真与数值分析结果，仿真模拟结

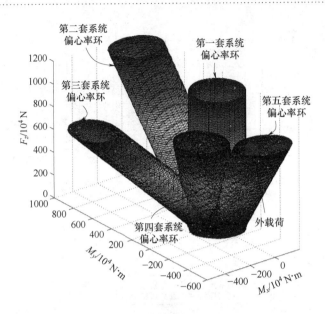

图 4.6　偏心率为 0.3 的五套推进系统偏心率圆柱环与外载荷的变化关系

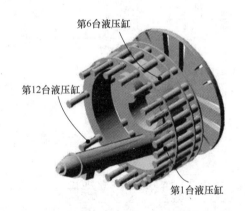

图 4.7　第五套非均匀系统虚拟仿真样机

果和数值分析结果吻合。在上述给定的地质条件下，通过 ADAMS 分别模拟仿真五套系统的空间力椭圆偏心率在开挖过程中的变化情况，结果如图 4.12 所示。从图中可以看出，除了第五套系统，第一到第四套系统偏心率值均大于 0.3。这一结果表明，在此给定条件下，第五套推进系统的力传递性能优于其他四套系统。因此，该仿真结果说明第五套非均匀系统相对于其他系统而言与该地质条件更具适应性。本节对推进系统的分析，可以得出以下结论：

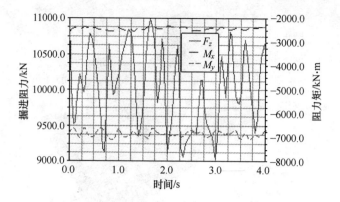

图 4.8 三维虚拟样机外部阻力模拟

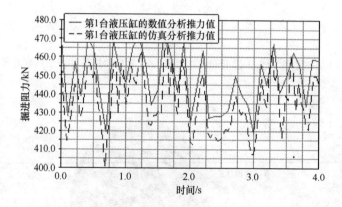

图 4.9 第 1 台液压缸模拟仿真结果比较

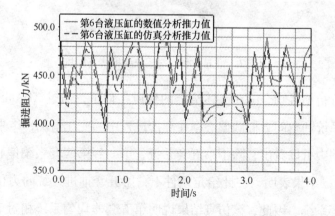

图 4.10 第 6 台液压缸模拟仿真结果比较

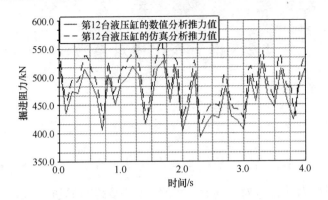

图 4.11　第 12 台液压缸模拟仿真结果比较

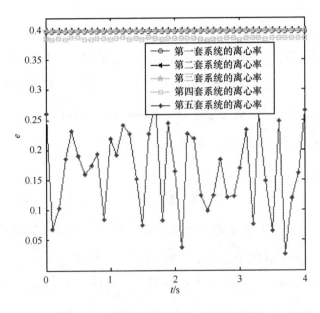

图 4.12　五套推进系统偏心率变化情况

1）具有相同液压缸数量的推进系统在不同布局方案下构建的偏心率"树干"模型不尽相同,偏心率"树干"模型可以用来表示推进系统力传递性能。

2）通过分析偏心率圆柱环和外部载荷的关系,可以为选择最优布局设计提供参考。

3）推进系统偏心率"树干"模型数值分析结果和 ADAMS 仿真结果吻合。

4.2 推力变化相对系数法

案例分析一

根据 5.1.3 小节已有的盾构结构参数以及给定的推进系统液压缸布局参数，利用推力变化相对系数法对五套推进系统布局进行横向比较，具体过程如下：

第一套均匀系统的推力变化相对系数空间椭圆偏心率模型是一个圆锥面，而第二套非均匀系统是一个椭圆锥面，如图 4.13 所示。这一结果和前面的分析一致。在图 4.13 中可以看出这两个系统中所有椭圆的长轴和短轴与载荷 F_z 呈线性关系。椭圆偏心率变大使得相应模型容积也增加。所有偏心率锥体的顶点都在笛卡儿坐标的原点，这也可以从式（3-78）和式（3-79）中看出。

在图 4.13 中，当偏心率为 0.05、0.07 和 0.09 时，γ 值分别为 2.86°、4.02°和 5.16°（其中 γ 为偏心率空间椭圆锥面与坐标系底面的夹角），这些值相当小，空间椭圆平面几乎平行于 OM_xM_y 平面。

虽然每一个推进系统液压缸的数量是一样的，但是各推力变化相对系数偏心率的表面形状取决于布局相位角参数。这一结果表明在给定的复合地层条件下，考虑外部载荷 M_x、M_y 和 F_z 变化范围的影响，当相同数量的液压缸布局不同时，推进系统将表现出不同的力传递特性，本书将这种力传递评估方法称为推力变化相对系数法。

同时需要说明的是推进系统的不同布局可适用于不同的施工条件，设计液压缸的布局方案时，需要根据实际施工状况考虑地质条件中每一个阻力变化范围的影响。液压缸布局方案的选择过程会在下面的工程案例中详细讨论。

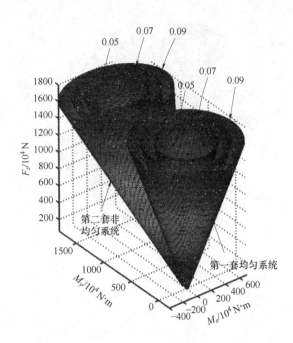

图4.13 第一套均匀系统和第二套非均匀系统偏心率空间椭圆锥面模型

1. 数值分析

假设直径为6.34m的盾构在下述施工环境中工作：隧道土体和刀盘重量对机器产生的掘进阻力 F_z 的变化范围为 $1.5\times10^7 \sim 1.6\times10^7$ N，掘进水平力矩 M_x 的变化区间和纵向力矩 M_y 的变化区间分别为 $-258.5\times10^4 \sim -231.5\times10^4$ N·m 和 $-1109\times10^4 \sim -1057.4\times10^4$ N·m。

将五套系统的相位角参数和推力变化相对系数偏心率（设为0.05）代入式（3-77）可得到图4.14。从图4.14中可以看出只有第五套非均匀系统椭圆锥面上检测到外部载荷的变化范围。这表明，第五套推进系统的盾构在上述地层工作时的力传递性能比其他的方案更优。因此，如果着重考虑液压缸顶推力传递性能因素的影响，则第五套非均匀系统应为优选方案。

2. ADAMS仿真分析

如图4.15所示，根据上述盾构（直径为6.34m）的基本参数，可以通

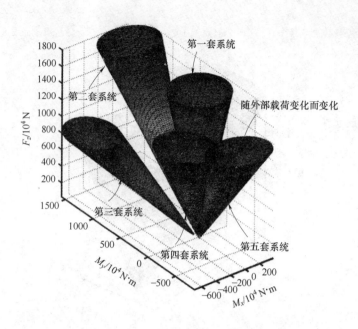

图 4.14　偏心率为 0.05 时五套系统和外部载荷的变化关系

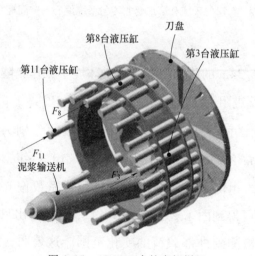

图 4.15　ADAMS 中的虚拟样机

过 ADAMS 建立虚拟样机。

基于给定的结构参数和复合地层地质参数,模拟外部载荷 F_z、M_x 和 M_y 分别得到图 4.16、图 4.17 和图 4.18 所示的结果。图中的数据包含了这三组数据的所有变化范围。图 4.19、图 4.20 和图 4.21 分别显示了第 3、第 8

和第 11 台液压缸的数值计算和仿真模拟对比结果,从图中可以看出,这几台液压缸的数值计算结果和 ADAMS 的仿真模拟结果基本吻合。如图 4.22 所示,在 ADAMS 中也可以得到在上述工作条件下第五套系统推力变化相对系数空间椭圆锥面模型的偏心率,从图中可以看到第五套系统的偏心率在 0.016~0.023 范围内变化,但偏心率均没有超过 0.05,这也证明了第五套系统是所有五套系统中在此地层条件下的最优选择方案。

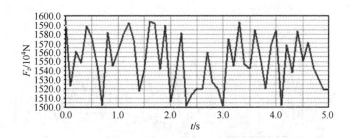

图 4.16 ADAMS 中 F_z 值的仿真

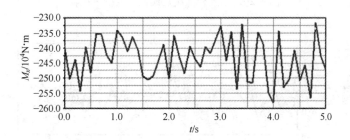

图 4.17 ADAMS 中 M_x 值的仿真

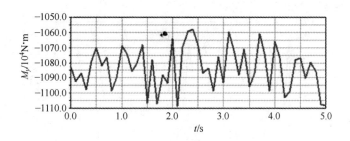

图 4.18 ADAMS 中 M_y 值的仿真

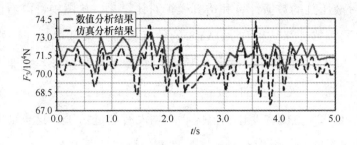

图 4.19　第 3 台液压缸模拟仿真结果比较

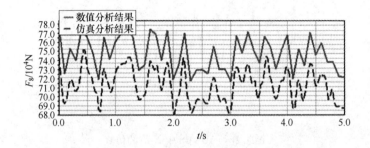

图 4.20　第 8 台液压缸模拟仿真结果比较

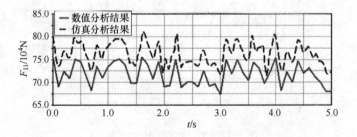

图 4.21　第 11 台液压缸模拟仿真结果比较

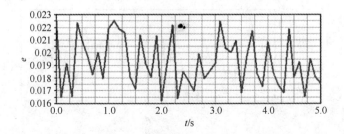

图 4.22　第五套系统推力变化相对系数空间椭圆偏心率

案例分析二

如图 4.23 所示,直径 6.15m 的土压平衡盾构基本结构参数如下:主机长度 9.34m,重量 300t,整机全长约 89m,整机重量约 440t。如图 4.24 所示,在细砂和黏土地质地层为主要地质工况条件下,该机已成功地应用于北京地铁 6 号线二期工程的郝家府站至东夏园站 1064m 长的隧道工程。

图 4.23　直径为 6.15m 的土压平衡盾构

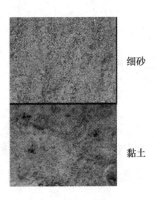

图 4.24　细砂与黏土地质

该案例中的土压平衡盾构采用了图 4.25b 中的非均匀推进系统,而不是图 4.25a 中的均匀推进系统。在均匀推进系统中,推进液压缸按 15°角间距均匀布置。在非均匀推进系统中,共有 24 台推进液压缸,通过水平方向分为上 11 台和下 13 台。所有推进液压缸的布局半径为 2815mm。整个推进系统液压缸伸长量为 2.1m。

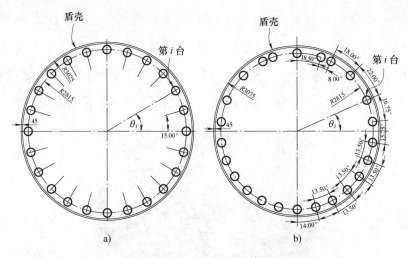

图 4.25 均匀推进系统和非均匀推进系统的比较
a) 均匀推进系统 b) 非均匀推进系统

如图 4.26 所示,衬砌管片参数为:外径 6m,内径 5.4m,管片环长 1.2m 和厚度为 0.3m(图 4.26a 所示)。管环与管环之间用 16 个纵向螺栓相连接,如图 4.26b 所示。环与环之间采用错缝拼装,错缝角度为 22.5°,错列段垂直偏差 11.25°,如图 4.26d 所示。如图 4.26c 所示,采用 3 + 2 + 1 模式组装了一个节段环,其中包括 3 个标准节段(A1P、A2P、A3P)、2 个相邻节段(CP、BP)和 1 个关键节段(KP)。

1. 均匀推进系统与非均匀推进系统力传递性能对比分析

如图 4.24 所示,土压平衡盾构从郝家府站直接穿越细砂、黏土地层至东夏园站。随后,考虑到盾构刀盘自重过大,且开挖几乎平直,此时合外阻力 F_z 的变化范围为 $1.65 \times 10^4 \sim 1.75 \times 10^4$ kN,阻力矩 M_x 和 M_y 的变化范围分别为 $-2650 \sim -2450$ kN·m 和 $-148.6 \sim 148.6$ kN·m。直径为 6.15m 的土压平衡盾构中在均匀系统和非均匀系统中推进液压缸的布局相位角,见表 4-1。

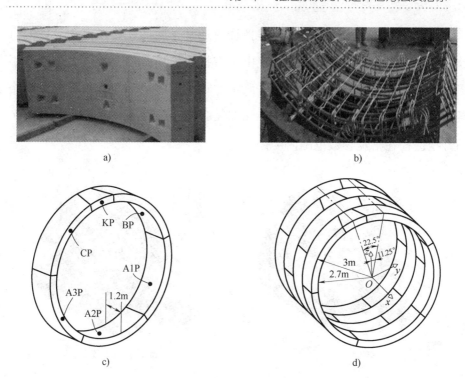

图 4.26 管片错缝模型

a) 管片示意图 b) 管环的纵向连接 c) 管环组装模式 d) 错缝拼装

表 4-1 均匀和非均匀系统推进液压缸的布局相位角

液压缸 i	布局相位角 θ_i/rad		液压缸 i	布局相位角 θ_i/rad	
	均匀系统	非均匀系统		均匀系统	非均匀系统
1	0	0.1178	13	3.1416	3.5256
2	0.2618	0.4102	14	3.4034	3.7612
3	0.5236	0.7941	15	3.6652	3.9968
4	0.7854	1.1083	16	3.9270	4.2324
5	1.0472	1.2479	17	4.1888	4.4680
6	1.3090	1.5708	18	4.4506	4.7124
7	1.5708	1.8937	19	4.7124	4.9567
8	1.8326	2.0333	20	4.9742	5.1924
9	2.0944	2.3475	21	5.2360	5.4280
10	2.3562	2.7314	22	5.4978	5.6636
11	2.6180	3.0238	23	5.7596	5.8992
12	2.8798	3.2899	24	6.0214	6.1348

在早期的大型机械分析中,虚拟样机通常是验证一些新概念设计的有效途径。利用表4-1所列两个系统中所有推进液压缸的布局参数,建立了图4.27a所示均匀系统和图4.27b所示非均匀系统的虚拟样机模型。两个系统将在相同的地质条件下工作。如图4.28所示为外部荷载 M_x、M_y 和 F_z 随开挖进程在给定参数范围内变化。

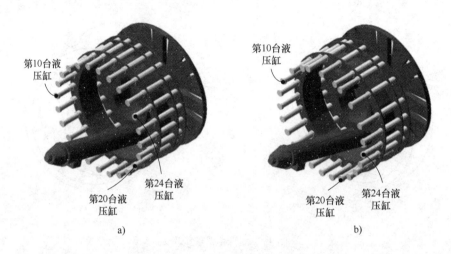

图 4.27 两个系统的虚拟样机仿真模型

a) 均匀系统 b) 非均匀系统

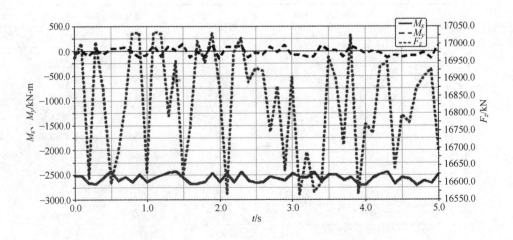

图 4.28 外部载荷 M_x、M_y 和 F_z 在给定参数范围内变化

如图 4.29～图 4.31 所示，分别对两种推进系统中的第 10、20 和 24 根液压缸进行数值模拟。将数值计算结果与仿真结果进行比较，发现数值计算结果与仿真结果吻合较好，证明了所建力学模型与仿真模型的一致性。换句话说，它们已经证明了彼此的准确性。

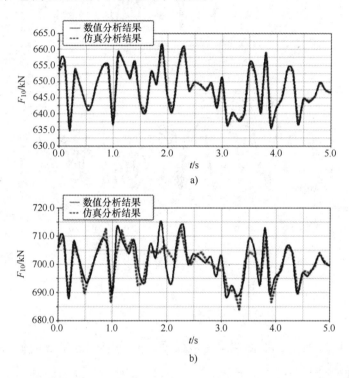

图 4.29　第 10 台液压缸的推力

a）均匀推进系统　b）非均匀推进系统

通过比较同一推进系统中第 10、20、24 根液压缸的推力，非均匀推进系统的三个液压缸的推力值在 690～715kN 之间变化。这意味着非均匀系统传递的推力更加均匀，土压平衡盾构的液压驱动系统可以为非均匀推进系统中的每根液压缸提供更均匀的动力。然而，在相同条件下，均匀推进系统的推力值在 635～785kN 之间变化，变化范围更大。结果表明，在相同条件下，非均匀推进系统能更有效地保护管片且节约能源。

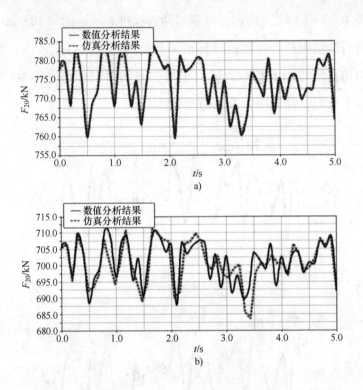

图 4.30 第 20 台液压缸的推力

a) 均匀推进系统 b) 非均匀推进系统

如图 4.32 所示,根据相对系数模型,非均匀推进系统的偏心率 e 在 0 到 0.00289 之间变化,接近于零。当 $t=4.3s$ 时,非均匀推进系统力的均匀性最差,偏心率达到最大值 0.00289。结果表明,在该地质条件下,以左右对称、下部密集布置为特征的非均匀推进系统,在几乎平直的开挖过程中更为适用。与非均匀系统相比,均匀系统的最大和最小偏心率分别为 0.035 和 0.04。显然,非均匀推进系统的抗偏载性能明显优于均匀推进系统。

2. 管片加载段有限元分析

采用均质圆环法对管片受力进行分析,由于该仿真主要研究的是管片在不同液压缸布局下受力是否均匀,可以忽略管片与管片之间的螺栓连接,同时也忽略环与环之间的螺栓连接,采用强度等级为 C50(弹性模量:

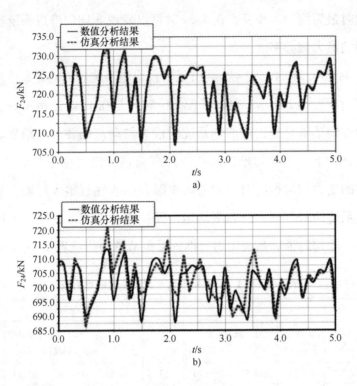

图 4.31　第 24 台液压缸的推力

a）均匀推进系统　b）非均匀推进系统

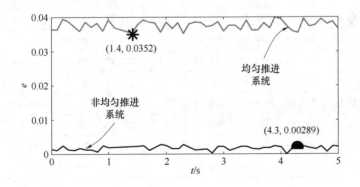

图 4.32　基于相对系数模型的两个系统偏心率比较

26GPa，密度：2500kg/m³，泊松比：0.27）的混凝土进行仿真。

如图 4.32 所示，在 1.4s 时可以找到均匀推进系统的相对系数空间椭圆的最小偏心率，该点意味着在该隧道施工过程中，均匀推进系统的推力分布在此时最为均匀。相反，在4.3s时可以发现非均匀推进系统相对系数椭圆模型的最大偏心率。

在1.4s和4.3s时，表4-2列出了来自均匀系统和非均匀系统所有液压缸的推力。如表4-2所示，可以发现无论时间是在1.4s还是4.3s，均匀系统的推力波动范围总是比非均匀系统的推力波动范围要大。结果表明，在特定地质条件下，非均匀推进系统的外载荷适应能力强于均匀推进系统。衬砌管片的受力均匀程度对管片的防渗漏和耐久性有很大影响。显然，非均匀推进系统的所有推力分布更均匀，保护管片更有效。同时，在某些特殊工况下，非均匀推进系统比均匀推进系统节省的能量更多。

表4-2 在1.4s和4.3s两个推进系统的推力值

液压缸 i	$t=1.4s$ 均匀系统/kN	$t=1.4s$ 非均匀系统/kN	$t=4.3s$ 均匀系统/kN	$t=4.3s$ 非均匀系统/kN	液压缸 i	$t=1.4s$ 均匀系统/kN	$t=1.4s$ 非均匀系统/kN	$t=4.3s$ 均匀系统/kN	$t=4.3s$ 非均匀系统/kN
1	705.92	706.70	709.87	710.70	13	706.59	705.10	702.43	701.20
2	687.58	708.01	691.33	711.64	14	724.93	704.12	720.97	700.73
3	670.51	709.53	673.80	712.18	15	742.00	703.27	738.50	700.58
4	655.88	710.45	658.48	712.00	16	756.64	702.59	753.82	700.75
5	644.68	710.74	646.41	711.74	17	767.83	702.13	765.89	701.22
6	637.67	711.09	638.40	710.74	18	774.84	701.91	773.90	702.02
7	635.35	710.96	635.02	709.30	19	777.17	701.97	777.28	703.08
8	637.85	710.76	636.48	708.57	20	774.66	702.27	775.82	704.29
9	645.01	710.02	642.39	706.81	21	767.50	702.81	769.61	705.61
10	656.35	708.65	653.22	704.61	22	756.16	703.55	759.08	706.97
11	671.09	707.38	667.36	703.09	23	741.42	704.46	744.94	708.30
12	688.23	706.17	684.15	701.95	24	724.28	705.48	728.15	709.53

接下来，将用有限元法从变形的角度分析推进系统对衬砌管片的影响，如图4.33和图4.34所示。在表4-2中，$t=1.4s$，所有的力都施加在由三维模型建立的强度等级为C50的混凝土衬砌段上。比较非均匀推进系统和均匀推进系统的变形情况，如图4.33所示，在外部载荷 $F_z=16950kN$，

$M_x=2425.1\mathrm{kN\cdot m}$ 和 $M_y=11.503\mathrm{kN\cdot m}$ 的相同条件下，通过改变推进系统的布局方式，相同的衬砌段在不同的力作用下将产生不同的变形。在图4.33所示的变形中，非均匀推进系统的变形轮廓更接近圆形，而均匀推进系统的变形轮廓更接近椭圆。这也证明了非均匀推进系统产生的力比均匀推进系统产生的力更均匀。均匀推进系统的最大变形几乎达到0.62mm，非均匀推进系统的最大变形结果为0.53mm，说明均匀变形可以保证衬砌段之间有较好的整体密封性，有利于防止隧道使用过程中的渗漏。

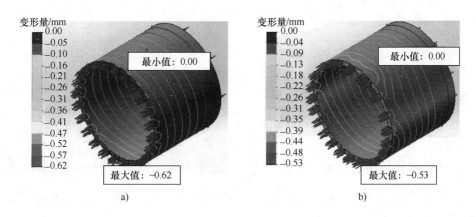

图4.33 在 $t=1.4\mathrm{s}$ 时管片的变形示意图
a) 均匀推进系统 b) 非均匀推进系统

如图4.34所示，在 $t=4.3\mathrm{s}$ 时，两个系统在外部载荷 $F_z=16948\mathrm{kN}$，$M_x=2432.7\mathrm{kN\cdot m}$ 和 $M_y=-127.21\mathrm{kN\cdot m}$ 的相同条件下，当偏心率达到非均匀推进系统的最大值0.00289时，该非均匀推进系统在掘进过程中力的分布最为均匀，最大变形量为0.54mm，大于图4.33中的对应值。均匀推进系统的最大变形量为0.64 mm。观察图4.34中的变形轮廓，很容易发现与图4.33有一些相同的特征。

因此，在隧道开挖的整个过程中，非均匀推进系统的力传递性能远远优于均匀推进系统。当然，这不仅可以使衬砌管片得到更好的保护，而且使管片之间具有更良好的密封性能。

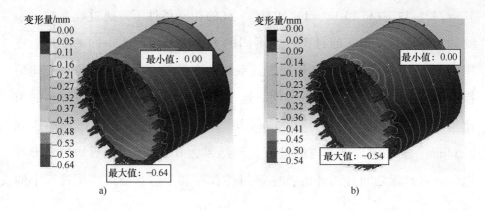

图 4.34 在 $t=4.3s$ 时管片的变形示意图
a) 均匀推进系统 b) 非均匀推进系统

3. 结论

1) 相对系数空间椭圆模型，可以用来评价推进系统的力传递性能。

2) 在地质均匀、开挖平直的条件下，具有左右对称、下部密集的非均匀推进系统的传力均匀性要比均匀推进系统好得多。

3) 采用有限元法对后方管片进行了变形分析，结果表明，非均匀推进系统作用下的管片密封性能优于均匀推进系统作用下的管片密封性能。在一定的条件下，采用非均匀推进系统有利于防止衬砌管片开裂，且有利于隧道施工过程中的节能降耗。

4.3 推力变异系数法

如图 4.23 所示，直径 6.15m 的盾构基本结构参数为 $r=2.85m$，$N=24$，推进系统最大单个液压缸推力是 1500kN。整个推进系统液压缸行程为 2100mm。该土压平衡盾构目前正用于北京某隧道中。

如图 4.37 所示，在给定地质条件基础上，第一套非均匀布局推进系统已被应用在北京地铁隧道的建设中。在该系统中所有的液压缸可以进行单独控制，每台液压缸的压力和位移可以单独调节。在推进系统液压缸数量和参数不变的条件下,提出第二套推进系统布局方案,如图4.38所示。由参考文献可知,相位角可以作为推进系统液压缸的布局参数。因此,两种推进系统中液压缸的所有相位角已在表4-3中列出。

将表4-3中所有的相位角代入式(3-92),两套系统的三个不同CV值($CV=0.03,0.06,0.09$)可以绘制在图4.35中。从图4.35可以看出,对于任何一种布局,所有CV椭圆锥面具有相同的中心轴。不管哪一种布局系统,其中心轴都通过空间坐标的原点。随着CV值的增加,CV椭圆锥面所包围的空间越来越大。对于任何一种确定的布局系统,可以得到所有CV值的表面。因此,CV椭圆锥面可用于评价不同布局下推进系统的力传递性能,换而言之,CV椭圆锥面被用作设计和选择一个确定的推进系统。本书将这种力传递评估方法称为推力变异系数法。

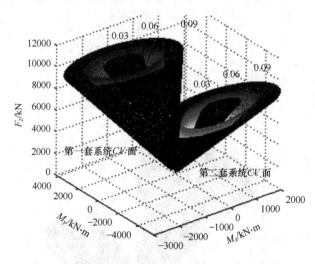

图4.35　两套推进系统的CV表面族

直径为6.28m的土压平衡盾构将在以下给出的特定条件下工作,其中M_x,M_y,F_z的变化范围分别为$-955\sim-854$kN·m,$-5708\sim-5525$kN·m以及$9850\sim10000$kN。在给定的条件下,究竟哪一套系统力传递性能更优越,应建立在CV值的分析基础上。

1. 数值分析

如果在给定地质条件下选定系统的CV值小于0.08,则代入表4-3中的

所有布局参数以及 $CV = 0.08$ 于式（3-92）中，可以画出图 4.36。如图 4.36 所示，第二套系统 CV 椭圆锥面包围的外部偏载范围与第一套系统相差甚远，这表明在给定条件下第二套系统的 CV 值要小于限定值 0.08，而第一套系统的 CV 值则大于限定值 0.08，在上述条件下第二套系统比第一套系统具有更强的适应能力。因此在这样的地质条件下应优先考虑第二套系统。

表 4-3 两套推进系统的相位角

液压缸 i	相位角/rad		液压缸 i	相位角/rad		液压缸 i	相位角/rad	
	θ_i^1	θ_i^2		θ_i^1	θ_i^2		θ_i^1	θ_i^2
1	0.148	0	9	2.435	1.894	17	4.468	4.887
2	0.428	0.222	10	2.714	2.033	18	4.712	5.061
3	0.707	0.443	11	2.993	2.587	19	4.957	5.236
4	0.986	0.665	12	3.290	3.142	20	5.192	5.412
5	1.257	0.887	13	3.526	3.534	21	5.428	5.585
6	1.571	1.108	14	3.761	3.927	22	5.664	5.760
7	1.885	1.248	15	3.997	4.320	23	5.899	5.934
8	2.155	1.571	16	4.232	4.712	24	6.135	6.109

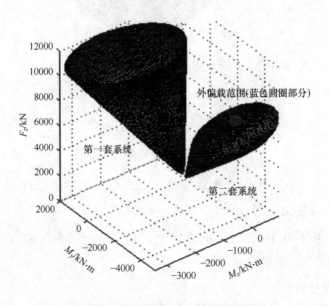

图 4.36 CV 值等于 0.08 的两套推进系统

2. ADAMS 仿真分析

基于表 4-3 中所有的液压缸布局参数，两套系统的虚拟样机原型已经建立在 ADAMS 中，如图 4.37 和 4.38 所示。根据上述条件，两个系统的外部载荷变化情况已显示在图 4.39 中。第一套系统和第二套系统的第 3 台液压缸推力数值仿真和 ADAMS 仿真比较结果分别在图 4.40 和图 4.41 中有所显示。比较结果表明仿真结果与理论分析相一致，说明两个系统的仿真结果是有效的。同时，通过对 24 台液压缸推力进行仿真，两个推进系统的 CV 值也能获得，如图 4.42 和图 4.43 所示。第一套系统所有的 CV 值比 0.08 要大得多，而第二套系统所有 CV 值比 0.08 小得多。两个系统的所有数据在图 4.36 中的数值分析都被验证。

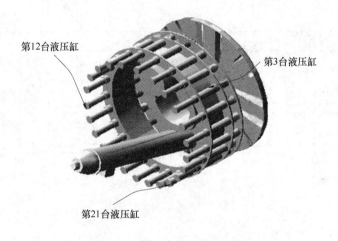

图 4.37 第一套布局推进系统

通过前面分析比较了两种系统的工程应用，可以得到下述观点：

1）具有相同数量液压缸的推进系统，不同的布局会有不同的 CV 椭圆锥面族，CV 值可以用来表征一个系统在复合地层下的适应能力。

2）所有的 CV 椭圆锥面族的中心轴应通过空间坐标原点，同时 CV 圆锥面的包围空间随着 CV 值的增大而变大。

3）ADAMS 的仿真与数值分析的结果相一致，因此 CV 椭圆锥面模型能够得到验证。

盾构推进系统布局设计方法

图4.38　第二套布局推进系统

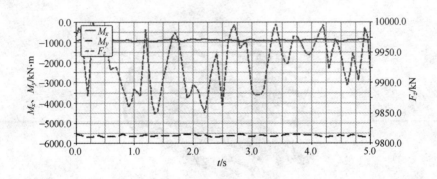

图4.39　外载荷变化情况

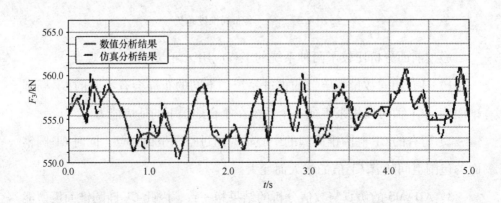

图4.40　第一套系统中第3台液压缸推力数值仿真和ADAMS仿真比较

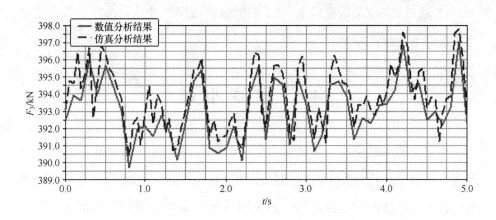

图 4.41　第二套系统中第 3 台液压缸推力数值仿真和 ADAMS 仿真比较

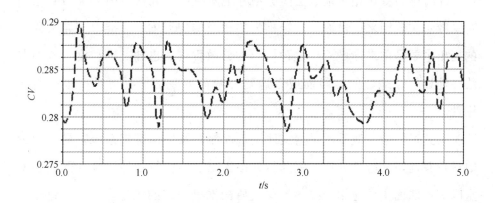

图 4.42　ADAMS 中第一套系统的 CV 值

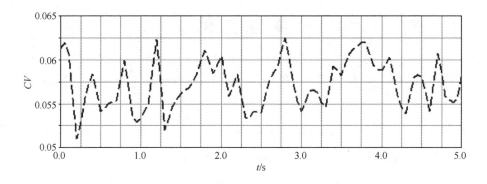

图 4.43　ADAMS 中第二套系统的 CV 值

4）通过设定 CV 的极限值，CV 椭圆锥面可用于设计和选择一个在给定地质条件下的推进系统。

4.4 本章小结

本章中提出的空间力传递偏心率"树干"法、推力变化相对系数法和推力变异系数法均可用于复合地层条件下盾构推进系统的设计与选型。然而三种方法应用的侧重点不同，如不同系统的偏心率数值在给定地层条件下出现接近甚至相等的情况时，用偏心率"树干"法将无法对其进行评价，此时推力变化相对系数法能够很好地解决此类问题，因为推力变化相对系数法主要用来衡量液压缸顶推力的相对均匀程度。而推力变异系数法的提出主要是用来衡量液压缸顶推力的分散程度，也即波动程度，该种方法在地处复合地层的分段面或者遇到外载荷突变的情况下具有很好的适用性。

研究过程中，侧重通过给定地层条件参数及盾构推进系统布局结构参数进行其地层适应性分析，因此研究中提出的适应特定地层条件下偏心率空间工作曲面主要应用于复合地层下盾构推进系统的选型。对于给定复合地层条件下，如何设计适应该地层的盾构推进系统将在第5章中重点说明。

参考文献

[1] MIN R, HUANG J, $\phi 6.34m$ EBP machine [J]. Building Construction, 2002 (12): 46-49.

[2] DENG K, LI Y, YIN Z. Thrust distribution characteristics of thrust systems of shield machines based on spatial force ellipse model in mixed ground [J]. Journal of Mechanical Science and Technology, 2016, 30 (1): 279-286.

[3] DENG K, XIANG C, MENG B, et al. A force transmission assessment method for thrust

system in shield machines based on the relative coefficient in compound ground [J]. Automation in Construction,2017(83),354-359.

[4] 邓孔书. 土压平衡盾构推进系统特性及布局优化设计研究 [D]. 北京：清华大学,2010.

[5] ZHANG F, ZHU H, Fu D. Shield Tunnelling Method [M]. Beijing：China Communications Press,2004.

[6] DENG K, MENG B, XIANG C, Adaptability to stratum characteristics for layout of thrust system in tunneling machines based on variation coefficient [J]. Advances in Mechanical Engineering,2016,8(12)：1-9.

第 5 章

推进系统设计及应用

基于第 2 章建立的盾构推进系统力学模型和第 3 章的空间力椭圆模型，本章首先对推进系统的承载能力、变形和振动固有频率三个方面的结构特性进行说明，为接下来阐述推进系统布局设计的总体性评价指标和均匀地层下盾构推进系统布局优化设计提供理论基础。之后根据本书第 4 章提出的力传递评估方法对复合地层下推进系统优化布局做出相应的评价，在此基础上提出两种布局设计方法。最后通过将上述理论应用于实际的工程领域中，得出相关的结论说明。

5.1 盾构推进系统承载能力分析

5.1.1 获取基于空间力椭圆模型的承载系数

根据式（3-48）和式（3-49）可知

$$\lambda_2 = \left(a_{N+2,1} + \frac{1}{N}\sum_{i=4}^{N+3} a_{N+2,i}\right)F_z - a_{N+2,2}M_y + a_{N+2,3}M_x \qquad (5\text{-}1)$$

$$\lambda_3 = \left(a_{N+3,1} + \frac{1}{N}\sum_{i=4}^{N+3} a_{N+3,i}\right)F_z - a_{N+3,2}M_y + a_{N+3,3}M_x \qquad (5\text{-}2)$$

将式（3-88）代入到式（3-48）和式（3-49）得

$$\lambda_2 = a_{N+2,1}F_z - a_{N+2,2}M_y + a_{N+2,3}M_x \tag{5-3}$$

$$\lambda_3 = a_{N+3,1}F_z - a_{N+3,2}M_y + a_{N+3,3}M_x \tag{5-4}$$

将式（5-3）和式（5-4）代入到式（3-50）中可得

$$(a_{N+2,1}F_z - a_{N+2,2}M_y + a_{N+2,3}M_x)^2 + (a_{N+3,1}F_z - a_{N+3,2}M_y + a_{N+3,3}M_x)^2 = \frac{e^2}{1-e^2}$$

$$\tag{5-5}$$

式（5-5）表明，在推进系统所有布局参数确定后，空间力椭圆偏心率大小由外部载荷 M_x、M_y 和 F_z 决定。当一组外部载荷确定后，可通过式（5-5）定义相应的偏心率。当偏心率为零时，则表明推进系统中每台液压缸的推力都相等。

如果 e 等于零，则可以得到下列方程

$$a_{N+2,1}F_z - a_{N+2,2}M_y + a_{N+2,3}M_x = 0 \tag{5-6}$$

$$a_{N+3,1}F_z - a_{N+3,2}M_y + a_{N+3,3}M_x = 0 \tag{5-7}$$

联立方程式（5-6）和式（5-7）可以解得

$$M_x = K_x F_z \tag{5-8}$$

$$M_y = K_y F_z \tag{5-9}$$

其中，$K_x = (a_{N+2,2}a_{N+3,1} - a_{N+2,1}a_{N+3,2})/(a_{N+2,3}a_{N+3,2} - a_{N+2,2}a_{N+3,3})$，$K_y = (a_{N+2,1}a_{N+3,3} - a_{N+2,3}a_{N+3,1})/(a_{N+2,3}a_{N+3,2} - a_{N+2,2}a_{N+3,3})$。

方程式（5-8）和式（5-9）表示当 x 方向阻力矩与掘进阻力的比值等于 K_x，y 方向阻力矩与掘进阻力的比值等于 K_y 时，推进系统中每台液压缸的推力相等。K_x 和 K_y 取决于推进系统的结构，它们也是独立于外力的系统固有属性。因此，K_x 和 K_y 分别定义为 x 方向与 y 方向的承载系数。它们表征了推进系统在 x 和 y 方向上的承载能力。

5.1.2 推进系统力承载系数特性分析

由式（3-87）可推知

$$Na_{N+2,1} + a_{N+2,2}\sum_{i=1}^{N}x_i + a_{N+2,3}\sum_{i=1}^{N}y_i = 0 \tag{5-10}$$

$$Na_{N+3,1} + a_{N+3,2}\sum_{i=1}^{N}x_i + a_{N+3,3}\sum_{i=1}^{N}y_i = 0 \qquad (5\text{-}11)$$

将式（5-10）和式（5-11）代入到式（5-8）和式（5-9）可得

$$K_x = \frac{1}{N}\sum_{i=1}^{N}y_i \qquad (5\text{-}12)$$

$$K_y = -\frac{1}{N}\sum_{i=1}^{N}x_i \qquad (5\text{-}13)$$

式（5-12）和式（5-13）表明 K_x 和 K_y 仅由推进系统的布局参数确定。K_x 取决于所有液压缸的 y 坐标，而 K_y 则取决于所有液压缸的 x 坐标。因此，盾构推进系统的承载能力完全由布局参数来决定。

由方程式（5-8）和式（5-9）可得如下方程

$$\frac{M_x}{K_x} = \frac{M_y}{K_y} = \frac{F_z}{1} \qquad (5\text{-}14)$$

当外部掘进阻力满足式（5-14）时，将式（5-14）代入式（5-3）和式（5-4）可得拉格朗日乘数

$$\lambda_2 = \lambda_3 = 0 \qquad (5\text{-}15)$$

式（5-15）表明空间力椭圆是一个圆，因为偏心率等于零。该方程式表明，施加在管片上的所有力彼此相等，式（5-18）证明了这一情况。

将式（5-15）代入方程式（3-8）可得到式（5-16）

$$F_i + \lambda_1 = \frac{F_z}{N} \qquad (5\text{-}16)$$

将式（3-5），式（5-16）与第 i 台液压缸的推力 F_i 相结合，求出拉格朗日乘数 λ_1

$$F_1 = F_2 = \cdots = F_N \qquad (5\text{-}17)$$

$$\lambda_1 = 0 \qquad (5\text{-}18)$$

根据上述分析，当某个点的坐标能够表示外部广义力时，则这点位于式（5-14）所定义的直线上，此时推进系统中所有液压缸的推力都相等。如图 5.1 所示，式（5-14）定义的线可以称为承载特征线。承载特征线与 OF_z 轴

的夹角为 α，可由下式确定

$$\cos\alpha = \frac{1}{\sqrt{K_x^2 + K_y^2 + 1}} \tag{5-19}$$

由式（3-13）可得如下方程

$$K_x^2 + K_y^2 = \frac{1}{N^2}\sum_{i=l}^{N}(x_i^2 + y_i^2) + \frac{2}{N^2}\sum_{i=l}^{N}\sum_{i=m}^{N}(x_i x_m + y_i y_m) \tag{5-20}$$

$(l \neq m)$

$$\frac{2}{N^2}\sum_{i=l}^{N}\sum_{i=m}^{N}(x_i x_m + y_i y_m) = \frac{2}{N^2}\sum_{i=l}^{N}\sum_{i=m}^{N}\cos(\theta_l - \theta_m) < \frac{(N-1)r^2}{N} \tag{5-21}$$

$(l \neq m)$

其中 θ_l 和 θ_m 由 x_l、y_l、x_m 和 y_m 确定。

将式（5-21）代入式（5-19）可得以下不等式

$$\alpha < \arccos\frac{1}{\sqrt{r^2 + 1}} = \alpha_c \tag{5-22}$$

式（5-22）表明，虽然承载特征线和 OF_z 轴之间的角度 α 随推进系统布局的不同而不断发生变化，但角度 α 不能超过 α_c，α_c 完全取决于液压缸布局半径的大小，并且与其他参数无关。而角度 α 被定义为某根承载特征线的特征线角。图 5.1 表明，承载特征线应在承载特征锥面内，承载特征锥面的角度由布局半径 r 决定。角度 α_c 称为特征锥面角。

5.1.3　盾构推进系统承载特征线模型的应用

直径为 6.34m 的盾构基本结构参数为 $R = 2.85$m，$N = 22$，$W = 200$t，$L = 7420$mm，如图 5.2 所示。W 和 L 分别代表主机的重量和长度。

与图 3.8 中的四分区系统相对应，假定四套非均匀推进系统如图 5.3～图 5.6 所示。

五套推进系统中，连接布局中心 O 与第 i 台液压缸轴线中点的直线与 x 轴正方向之间的夹角为 θ_i，定义为相位角。所有的相位角构成了推进系

盾构推进系统布局设计方法

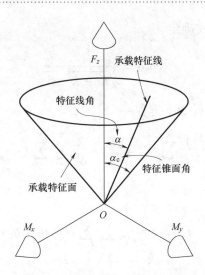

图 5.1 推进系统承载特征线和特征锥面模型

图 5.2 直径为 6.34m 土压平衡盾构

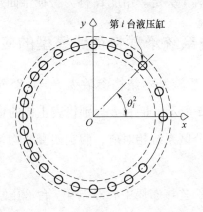

图 5.3 第二套关于 x 轴对称非均匀布局推进系统

第5章 推进系统设计及应用

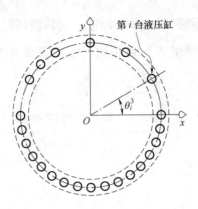

图5.4 第三套关于 y 轴对称非均匀布局推进系统

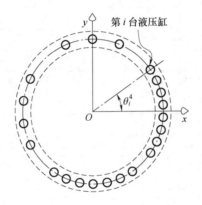

图5.5 第四套非均匀布局推进系统

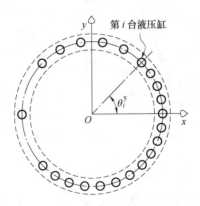

图5.6 第五套非均匀布局推进系统

布局参数。图 3.8 显示液压缸均匀分布,相邻液压缸之间的夹角恒定。第二套、第三套、第四套和第五套非均匀推进系统中所有液压缸的参数见表 5-1。

表 5-1　第二套到第五套非均匀推进系统布局参数

液压缸 i	相位角/rad			
	θ_i^2	θ_i^3	θ_i^4	θ_i^5
1	0	0	0.087	0
2	0.785	0.524	0.262	0.196
3	1.047	1.047	0.436	0.393
4	1.309	1.571	0.611	0.589
5	1.571	2.094	1.178	0.785
6	1.833	2.618	1.571	1.100
7	2.094	3.142	1.963	1.414
8	2.356	3.338	2.670	1.728
9	2.553	3.534	2.985	2.042
10	2.749	3.731	3.299	2.356
11	2.945	3.927	3.613	3.142
12	3.142	4.123	4.123	3.927
13	3.338	4.320	4.320	4.151
14	3.534	4.516	4.516	4.376
15	3.731	4.712	4.712	4.600
16	3.927	4.909	4.909	4.825
17	4.189	5.105	5.105	5.049
18	4.451	5.301	5.301	5.273
19	4.712	5.498	5.672	5.498
20	4.974	5.694	5.847	5.694
21	5.236	5.890	6.021	5.890
22	5.498	6.087	6.196	6.087

将五套不同布局结构的推进系统所有参数和布局半径代入方程式(5-14)和式(5-22),得到相应推进系统的每根特征线,如图 5.7 所示。半径等于 2.85m 的特征锥面角 α_c 可由式(5-22)确定为:70.67°。一到五套推进系

统的特征线角度分别为 $0°$、$35.33°$、$39.76°$、$33.56°$ 和 $36.75°$。如图 5.7 所示，所有特征线的角度均小于 $70.67°$。该图表明，当外部广义力接近某根特征线时，该特征线所对应的推进系统布局结构将被视为首选。

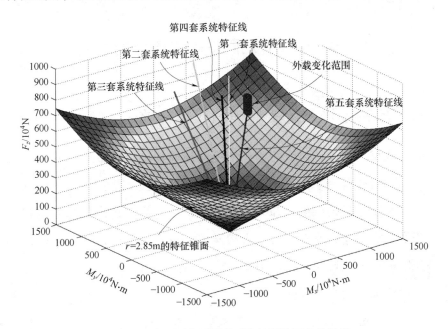

图 5.7　五套不同布局推进系统特征锥面和特征线

假设上述直径为 6.34m 的盾构在如下地质条件下工作，其参数见表 5-2。根据参考文献所述，盾构开挖土体和刀盘重量产生的阻力 F_z 在 $0.9×10^7$ ~ $1×10^7$ N 之间变化，阻力矩 M_x 和 M_y 分别在 $-285.5×10^4$ ~ $-231.5×10^4$ N·m 和 $-709.8×10^4$ ~ $-657.5×10^4$ N·m 之间变化。图 5.7 表明，外载变化范围接近第五套推进系统的特征线。因此，在这种地质条件下，应优先选用第五套非均匀推进系统。

表 5-2　隧道地质条件参数

参数	密度/kg·m^{-3}	内摩擦角/(°)	黏聚力/kPa	地面载荷/kPa	水平方向压力系数	摩擦因数
值	$2.18×10^3$	32	16.7	20	0.48	0.4

从上述分析可得到如下结论：

1）推进系统的结构参数决定了特征线的位置。具有相同液压缸数量的推进系统在不同布局下会具有不同特征线。

2）虽然不同布局下特征线的位置会发生变化，但特征线的特征角不会超过特征锥面角，特征锥面角由推进系统中液压缸的布局半径决定。

5.2 基于变刚度推进系统变形特性分析

5.2.1 盾构推进系统变形椭圆模型构建

隧道成型后与设计路线的偏差量是衡量盾构隧道施工质量的一个重要指标。因此对盾构姿态进行实时调节和控制是隧道精确施工的重要保障。盾构推进系统通过提供推力和力矩以克服由于外界土体产生的阻力和阻力矩。当系统需要左转或右转时，盾构操作人员就可以通过调整盾构推进系统液压缸的压力实现该方向的力矩。当要进行轴线方向纠偏时，是通过改变刀盘的转动方向来实现的。

如图 5.8 所示，由 2.1 中推进系统受力分析可以知道，盾构推进系统通过阻力 F_z 和水平阻力矩 M_x 与纵向阻力矩 M_y 进行盾构姿态调整和方向控制的。如图 5.8，在实际工程中，盾构推进系统液压缸与盾体不是

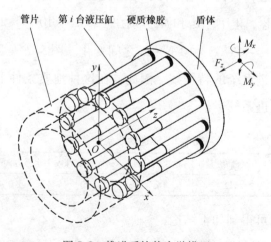

图 5.8　推进系统静力学模型

直接刚性连接的,而是通过硬质橡胶进行弹性连接的,这样可以吸收由于盾体受到不均匀外力时,盾构轴线与液压缸轴线之间的小角度变化。因此,盾体轴线相对于液压缸轴线在外力的作用下可以倾斜一个小角度。

由于盾构掘进时速度非常缓慢,因此盾构掘进过程可以看作是静力学的范畴。掘进过程中的任何时刻盾构都可以看作是静力平衡的。每台液压缸都可以看作是一个弹性杆,盾体和后方的管片看作刚体。当盾构施工时,推进系统中所有液压缸和主机及其后方的管片构成了一超静定结构。在外力的作用下,变形后的结构如图5.9所示。图中,盾体和管片看作是绝对刚体,所有液压缸看作是符合胡克定律的弹性体。在三个外力的作用下,主机相对于平面Oxy有一个倾角β。因为主机看作是不变形的刚体,因此所有液压缸变形端点应该在同一平面α内。又由于所有液压缸都是呈圆周排布的,因此所有液压缸变形端点组成的空间曲线应为空间椭圆,并称该空间椭圆为空间变形椭圆。

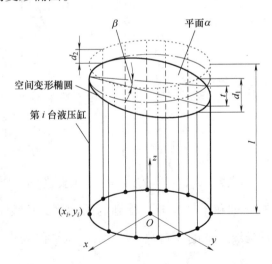

图 5.9 推进系统在外力作用下变形后的结构示意图

根据变形体静力学平衡,可以得到以下推进系统的力平衡式(5-23)~式(5-25)。

$$\sum_{i=1}^{n} p_i - F_z = 0 \tag{5-23}$$

$$\sum_{i=1}^{n} p_i x_i - M_y = 0 \tag{5-24}$$

$$\sum_{i=1}^{n} p_i y_i + M_x = 0 \tag{5-25}$$

上面的三个静力学方程比未知数少，因此需找到系统的变形协调方程，通过联立变形协调方程和力平衡方程才能求得多余未知数。由图5.9可以知道系统液压缸变形端点都在平面 α 内。因此，可以得到变形协调方程式 (5-26)

$$Ax_i + By_i + \left(l - \frac{p_i}{k}\right) + C = 0 \tag{5-26}$$

式中，A，B 和 C 表示空间平面 α 的三个系数。

联立静力学方程和变形协调方程，可以得到总的矩阵方程式 (5-27)

$$\begin{pmatrix} 1 & 1 & \cdots & 1 & 0 & 0 & 0 \\ x_1 & x_2 & \cdots & x_n & 0 & 0 & 0 \\ y_1 & y_2 & \cdots & y_n & 0 & 0 & 0 \\ -1/k & 0 & \cdots & 0 & 1 & x_1 & y_1 \\ 0 & -1/k & \cdots & 0 & 1 & x_2 & y_2 \\ \vdots & \vdots & & \vdots & \vdots & \vdots & \vdots \\ 0 & 0 & \cdots & -1/k & 1 & x_n & y_n \end{pmatrix} \begin{pmatrix} p_1 \\ p_2 \\ \vdots \\ p_n \\ C \\ A \\ B \end{pmatrix} = \begin{pmatrix} F_z \\ M_y \\ -M_x \\ -l \\ -l \\ \vdots \\ -l \end{pmatrix} \tag{5-27}$$

式中，p_i 表示位于坐标点（x_i，y_i）的第 i 台液压缸受到的压力；M_y 和 M_x 分别表示推进系统在 y 轴和 x 轴方向上受到的阻力矩；F_z 表示土体产生的阻力；n 表示推进系统液压缸的总台数；l 表示液压缸的长度；k 为每台液压缸在长度为 l 时的刚度。

式（5-26）和式（5-27）中刚度值 k 是由液压缸的活塞杆刚度和液压油刚度串联而成的。由于活塞杆的弹性模量是液压油体积弹性模量的 100～150 倍，因此活塞杆可以看作是刚体，液压缸的刚度主要由液压油产生。

每台液压缸的刚度计算可以通过式（5-28）求得

$$k(z) = K_V A_1 / (L_1 + z) \quad (5\text{-}28)$$

式中，A_1 表示无杆腔端活塞的面积；L_1 为液压油的初始长度；K_V 表示液压缸内液压油的体积弹性模量；z 为液压缸活塞的位移。

刚度计算式（5-28）表明推进系统液压缸的刚度是随着盾构推进系统液压缸的伸长而越来越小的。

由式（5-26）可以求得平面 α 与平面 Oxy 的夹角 β 的余弦值为

$$\cos\beta = \frac{1}{\sqrt{A^2 + B^2 + 1}} \quad (5\text{-}29)$$

目前工程采用的四分区系统或均匀系统小型盾构的推进液压缸都是沿圆周均匀排布。下面将分析均匀系统的变形特性。

5.2.2 均匀系统变形特性分析

由于液压缸的排布是均匀的，因此第3章中的式（3-9）～式（3-13）仍然成立，将它们代入矩阵方程式（5-27），可求得每台液压缸的压力 p_i 为

$$p_i = \frac{2(M_y x_i - M_x y_i)}{nr^2} + \frac{F_z}{n} \quad (5\text{-}30)$$

平面 α 的系数为

$$A = \frac{2M_y}{knr^2} \quad (5\text{-}31)$$

$$B = -\frac{2M_x}{knr^2} \quad (5\text{-}32)$$

$$C = \frac{F_z}{nk} - l \quad (5\text{-}33)$$

由式（5-30）可以求得液压缸的最大和最小理论压力值分别为

$$p_{\max} = \frac{2\sqrt{M_x^2 + M_y^2}}{nr} + \frac{F_z}{n} \quad (5\text{-}34)$$

$$p_{\min} = -\frac{2\sqrt{M_x^2 + M_y^2}}{nr} + \frac{F_z}{n} \quad (5\text{-}35)$$

虽然理论上每台液压缸都可能达到最大值或者最小值，但在工程中，由于液压缸之间的排布总是有间距的，只有液压缸的排布位置刚好在空间变形椭圆长轴的两个端点上时，液压缸才能取得压力的最大值或最小值。在最大理论压力下液压缸的变形称为最大理论变形；在最小理论压力下液压缸的变形称为最小理论变形。

由式（5-30）求得所有液压缸的压力值中取最大值 p_{max} 和最小值 p_{min}，可以求得液压缸的最大变形量 d_1 和最小变形量 d_2

$$d_1 = \frac{p_{max}}{k} \tag{5-36}$$

$$d_2 = \frac{p_{min}}{k} \tag{5-37}$$

最大变形量 d_1 表征了推进系统液压缸在三个外力作用下承受的最大变形量，如果变形量过大将使液压缸工作失效。

式（5-30）表明当系统的外载阻力矩为零时，系统所有液压缸的压力都是相等的

$$p_i = \cdots = p_n = p_{max} = p_{min} = \frac{F_z}{n} \tag{5-38}$$

将式（5-31）和式（5-32）代入式（5-29），可推出夹角 β 的余弦值表达式为

$$\cos\beta = \frac{1}{\sqrt{A^2 + B^2 + 1}} = \frac{1}{\sqrt{\frac{4(M_x^2 + M_y^2)}{k^2 n^2 r^4} + 1}} \tag{5-39}$$

式（5-39）表明系统夹角 β 随着外载力矩的增大而增大，随着液压缸刚度、液压缸总数和液压缸排布半径的增大而减小。因此在盾构掘进时，当盾构需要曲线掘进产生外载力矩时，应该采用更多的液压缸进行推进，这样不仅使液压缸承受的压力更小而且系统变形夹角 β 会更小。由于盾体与液压缸之间是通过硬质橡胶连接，因此只能允许小角度的变化，过大的角度会使盾体和液压缸之间的连接遭到破坏。

定义最大理论变形与最小理论变形之差 t 值为变形差。根据图 5.9 所示，t 值可通过式（5-40）求得

$$t = 2r\sin\beta \qquad (5\text{-}40)$$

式（5-40）表明：随着系统 t 值的增大其夹角 β 也会增大，推进系统由于变形破坏的可能性就增大。

将式（5-39）代入式（5-40），可以推得式（5-41）

$$M_x^2 + M_y^2 = \frac{t^2 k^2 n^2 r^4}{4(4r^2 - t^2)} \qquad (5\text{-}41)$$

由式（5-41）可以看出，对于均匀布局系统，外载荷 F_z 对变形差 t 并没有影响，也就是说外载荷 F_z 的大小不会引起盾体轴线与推进液压缸轴线之间角度 β 变化。该式也表明，当推进系统液压缸排布参数确定时，变形差 t 与外载力矩 M_x 和 M_y 所成三维曲面等高线应为圆族，并且圆族中心点在原点上。

5.2.3 非均匀系统变形特性分析

如第 3 章所述，虽然目前推进系统液压缸主要是均匀排布的，但是当地质条件复杂或者曲线掘进时，掘进过程中可能产生较大的偏向载荷，推进系统液压缸就需要考虑非均匀排布。另一方面，当推进系统在掘进过程中，由于某台或多台液压缸失效，则系统也会成为非均匀系统。

同理，由式（5-27）可以推导出式（5-42）

$$A \begin{pmatrix} F_z \\ M_y \\ -M_x \\ -l \\ -l \\ \vdots \\ -l \end{pmatrix} = \begin{pmatrix} p_1 \\ p_2 \\ \vdots \\ p_n \\ C \\ A \\ B \end{pmatrix} \qquad (5\text{-}42)$$

式中，

$$A = \begin{pmatrix} a_{11} & a_{21} & a_{31} & \cdots & a_{1N} \\ a_{21} & a_{22} & a_{32} & \cdots & a_{2N} \\ a_{31} & a_{32} & a_{33} & \cdots & a_{3N} \\ \vdots & \vdots & \vdots & & \vdots \\ \vdots & \vdots & \vdots & & \vdots \\ a_{N-1,1} & a_{N-1,2} & a_{N-1,3} & \cdots & a_{N-1,N} \\ a_{N1} & a_{N2} & a_{N3} & \cdots & a_{NN} \end{pmatrix} \quad (5\text{-}43)$$

矩阵 A 为式（5-27）中系数矩阵 $\begin{pmatrix} 1 & 1 & \cdots & 1 & 0 & 0 & 0 \\ x_1 & x_2 & \cdots & x_n & 0 & 0 & 0 \\ y_1 & y_2 & \cdots & y_n & 0 & 0 & 0 \\ -1/k & 0 & \cdots & 0 & 1 & x_1 & y_1 \\ 0 & -1/k & \cdots & 0 & 1 & x_2 & y_2 \\ \vdots & \vdots & & \vdots & \vdots & \vdots & \vdots \\ 0 & 0 & \cdots & -1/k & 1 & x_n & y_n \end{pmatrix}$

的逆阵。

式中，

$$N = n + 3 \quad (5\text{-}44)$$

由式（5-42）可以推得式（5-45）和式（5-46）

$$A = a_{N-1,1}F_z + a_{N-1,2}M_y - a_{N-1,3}M_x - l\sum_{j=4}^{N}a_{N-1,j} \quad (5\text{-}45)$$

$$B = a_{N1}F_z + a_{N2}M_y - a_{N3}M_x - l\sum_{j=4}^{N}a_{Nj} \quad (5\text{-}46)$$

将式（5-45）和式（5-46）代入式（5-39）和式（5-40），得到变形差 t 和外阻力矩 M_x 与 M_y 的关系式（5-47）

$$A^2 + B^2 = \frac{t^2}{4r^2 - t^2} \quad (5\text{-}47)$$

令，式（5-47）中的 A 和 B 等于零，则其中心坐标表达式为

$$M_x = \frac{a_{N2}\left(l\sum_{j=4}^{N}a_{N-1,j} - a_{N-1,1}F_z\right) - a_{N-1,2}\left(l\sum_{j=4}^{N}a_{Nj} - a_{N1}F_z\right)}{a_{N3}a_{N-1,2} - a_{N2}a_{N-1,3}} \quad (5\text{-}48)$$

$$M_y = \frac{a_{N3}\left(l\sum_{j=4}^{N}a_{N-1,j} - a_{N-1,1}F_z\right) - a_{N-1,3}\left(l\sum_{j=4}^{N}a_{Nj} - a_{N1}F_z\right)}{a_{N3}a_{N-1,2} - a_{N2}a_{N-1,3}} \quad (5\text{-}49)$$

由上面的中心点表达式（5-48）和式（5-49）可以得到式（5-47）的中心平移式（5-50）和式（5-51）

$$M_x = M_x' + \frac{a_{N2}\left(l\sum_{j=4}^{N}a_{N-1,j} - a_{N-1,1}F_z\right) - a_{N-1,2}\left(l\sum_{j=4}^{N}a_{Nj} - a_{N1}F_z\right)}{a_{N3}a_{N-1,2} - a_{N2}a_{N-1,3}}$$

$$(5\text{-}50)$$

$$M_y = M_y' + \frac{a_{N3}\left(l\sum_{j=4}^{N}a_{N-1,j} - a_{N-1,1}F_z\right) - a_{N-1,3}\left(l\sum_{j=4}^{N}a_{Nj} - a_{N1}F_z\right)}{a_{N3}a_{N-1,2} - a_{N2}a_{N-1,3}}$$

$$(5\text{-}51)$$

把式（5-50）和式（5-51）代入方程式（5-47）化简后得

$$(a_{N-1,2}M_y' - a_{N-1,3}M_x')^2 + (a_{N2}M_y' - a_{N3}M_x')^2 = \frac{t^2}{4r^2 - t^2} \quad (5\text{-}52)$$

式（5-52）可以化为矩阵二次型形式（5-53）

$$(M_x' \quad M_y')\boldsymbol{B}\begin{pmatrix}M_x' \\ M_y'\end{pmatrix} = \frac{t^2}{4r^2 - t^2} \quad (5\text{-}53)$$

式中，$\boldsymbol{B} = \begin{pmatrix} a_{N-1,3}^2 + a_{N3}^2 & -a_{N-1,2}a_{N-1,3} - a_{N2}a_{N3} \\ -a_{N-1,2}a_{N-1,3} - a_{N2}a_{N3} & a_{N-1,2}^2 + a_{N2}^2 \end{pmatrix}$。

假定 p 和 q 为矩阵 $\boldsymbol{B}$ 的两个特征值，则式（5-53）通过二次坐标旋转后的标准式为

$$pM_x''^2 + qM_y''^2 = \frac{t^2}{4r^2 - t^2} \quad (5\text{-}54)$$

式（5-54）表明：对于液压缸非均匀布局推进系统，给定变形差 t，外

载力矩 M_x 与 M_y 在平面内将构成一椭圆,连续的变形差 t 将形成一系列的同心同型的椭圆族。当盾构液压缸布局参数确定后,外阻力 F_z 决定了椭圆族中心的位置。对于此类系统,变形差亦随外载力矩 M_x 与 M_y 的增加而增大,但椭圆族的形状则由推进系统液压缸的排布参数确定,椭圆族的形状参数偏心率由式(5-55)确定

$$e_f = \sqrt{1 - \frac{\min(p,q)}{\max(p,q)}} \tag{5-55}$$

显然,当系统特征值 p 和 q 相同时,变形椭圆偏心率为零,表示系统液压缸为均匀排布状态。

5.2.4 复合地层下推进系统变形树干模型构建

在式(5-54)中,讨论了均匀地层中系统变形差 t 与推进系统布局的关系。在实际工程应用中,盾构设备在隧道施工时,开挖面往往不是均匀地层,而是复合地层。因此,在不同施工地质条件下,盾构推进系统所受广义外力 F_z、M_x 和 M_y 通常不是常量,而是在一定范围内发生改变的变量。如图 5.10 所示,等式(5-47)表明如果给定变形差 t,则 M_x、M_y 和 F_z 构成的坐标系将生成一个称为变形差环的椭圆柱面。给出一组变形差,就能形成一个称为变形差树干的椭圆柱面族。

如图 5.10 所示,如果 t 等于零,则变形树干的中心线由方程式(5-45)和式(5-46)确定。树干中心线的任一点都表明,由于所有变形差都为零,所以推进系统在开挖过程中的变形差不影响盾构的纠偏。

$$a_{N1}F_z + a_{N2}M_y - a_{N3}M_x = 0 \tag{5-56}$$

$$a_{N-1,1}F_z + a_{N-1,2}M_y - a_{N-1,3}M_x = 0 \tag{5-57}$$

由式(5-56)和(5-57)可以得到

$$M_x = K'_x F_z \tag{5-58}$$

$$M_y = K'_y F_z \tag{5-59}$$

其中,$K'_x = \dfrac{a_{N-1,2}a_{N1} - a_{N,2}a_{N-1,1}}{a_{N3}a_{N2} - a_{N2}a_{N-1,3}}$,$K'_y = \dfrac{a_{N-1,3}a_{N1} - a_{N3}a_{N-1,1}}{a_{N3}a_{N-1,2} - a_{N2}a_{N-1,3}}$。

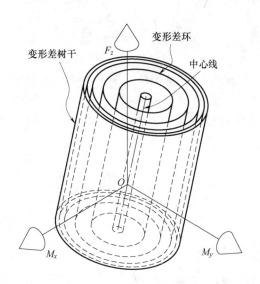

图 5.10 推进系统变形树干模型

由式（5-43）系数矩阵的逆矩阵 $\boldsymbol{A}^{-1}$ 与系数矩阵的关系可知

$$\begin{pmatrix} a_{11} & a_{21} & a_{31} & \cdots & a_{1N} \\ a_{21} & a_{22} & a_{32} & \cdots & a_{2N} \\ a_{31} & a_{32} & a_{33} & \cdots & a_{3N} \\ \vdots & \vdots & \vdots & & \vdots \\ \vdots & \vdots & \vdots & & \vdots \\ a_{N-1,1} & a_{N-1,2} & a_{N-1,3} & \cdots & a_{N-1,N} \\ a_{N1} & a_{N2} & a_{N3} & \cdots & a_{NN} \end{pmatrix} \begin{pmatrix} 1 & 1 & \cdots & 1 & 0 & 0 & 0 \\ x_1 & x_2 & \cdots & x_n & 0 & 0 & 0 \\ y_1 & y_2 & \cdots & y_n & 0 & 0 & 0 \\ -1/k & 0 & \cdots & 0 & 1 & x_1 & y_1 \\ 0 & -1/k & \cdots & 0 & 1 & x_2 & y_2 \\ \vdots & \vdots & & \vdots & \vdots & \vdots & \vdots \\ 0 & 0 & \cdots & -1/k & 1 & x_n & y_n \end{pmatrix} = \boldsymbol{E}$$

(5-60)

由式（5-60）可以得到

$$na_{N-1,1} + a_{N-1,2} \sum_{i=1}^{n} x_i + a_{N-1,3} \sum_{i=1}^{n} y_i = 0 \tag{5-61}$$

$$na_{N1} + a_{N2} \sum_{i=1}^{n} x_i + a_{N3} \sum_{i=1}^{n} y_i = 0 \tag{5-62}$$

把方程式（5-61）和式（5-62）代入方程式（5-58）和式（5-59）中，可得到 K_x' 和 K_y' 分别为

$$K'_x = -\frac{1}{n}\sum_{i=1}^{n} y_i \tag{5-63}$$

$$K'_y = \frac{1}{n}\sum_{i=1}^{n} x_i \tag{5-64}$$

联立方程式（5-58），式（5-59），式（5-63）和式（5-64），则中心线方程式可被表示为

$$\frac{M_x}{-\frac{1}{n}\sum_{i=1}^{n} y_i} = \frac{M_y}{\frac{1}{n}\sum_{i=1}^{n} x_i} = \frac{F_z}{1} \tag{5-65}$$

每台液压缸的位置一旦被确定，K'_x 和 K'_y 就能从方程式（5-65）中被求解出来。方程式（5-65）表明 F_z 与 M_x 和 M_y 呈线性关系。变形差树干的中心线决定了主干的位置，而中心线的位置由 K'_x 和 K'_y 确定。根据方程式（5-65）可知，树干的中心线一定通过坐标系原点。

1. 均匀布局推进系统的分析

大多数工程中，推进系统液压缸等间距布局。同时，为了控制简单，降低成本，所有的液压缸被分为四区，在推进过程中，通过单独调节每一区液压缸的压力和位移来控制盾构。

由于液压缸是被均匀排布在半径为 r 的圆周上，所以有以下方程

$$\sum_{i=1}^{n} x_i = \sum_{i=1}^{n} y_i = 0 \tag{5-66}$$

把方程式（5-66）代入方程式（5-63）和式（5-64），则有

$$K'_x = K'_y = 0 \tag{5-67}$$

联立方程式（5-47）和方程式（5-67），则有式（5-41）成立

$$M_x^2 + M_y^2 = \frac{t^2 k^2 n^2 r^4}{4(4r^2 - t^2)}$$

方程式（5-67）表明推进系统中心线和轴线 OF_z 重合，方程式（5-41）表明当确定盾构的掘进姿态后，变形差 t 随着外力矩 M_x 和 M_y 的增大而增大。任何阻力矩都会引起变形差，从而影响推进系统的修正偏差。因此，

当盾构在均匀地层下工作时，由于控制简单、成本低，可选用均匀推进系统。然而，盾构往往是在复杂的复合地层条件下挖掘，在这种情况下，如果优先采用均匀布局的推进系统，则控制可能存在偏差，从而影响隧道工程质量。

2. 非均匀布局推进系统的分析

对于目前使用最多的盾构推进系统，液压缸的轴线平行于盾构的轴线并等距排布在圆周上。事实上，在曲线开挖和复合地层的隧道施工中，这种结构会引起偏向载荷的巨大变化。因此，在一些复杂地层条件下，液压缸可采用非均匀布局。

根据等式（5-63）和式（5-64），可推导出以下两个方程式

$$K'_x = -\frac{1}{n}\sum_{i=1}^{n} y_i \neq 0 \tag{5-68}$$

$$K'_y = \frac{1}{n}\sum_{i=1}^{n} x_i \neq 0 \tag{5-69}$$

由式（5-68）和式（5-69）可知，K'_x 和 K'_y 的值完全取决于推进系统中液压缸的布局参数。这两个式子不等于零，因此，尽管复合地层中三个方向的广义力不为零，但在三个外力的耦合作用下，变形差可能接近零。为了保证校正精度，在某些复合地层下，应该考虑采用非均匀布局推进系统。

5.3 基于变刚度推进系统振动固有频率特性分析

5.3.1 推进系统振动模型构建

由于盾构在施工时掘进速度非常缓慢，因此盾构在掘进过程中的动态问题可以看作是静力学范畴。同时，盾构作为低速重载系统，可做如下假定：①液压缸前端的部分和液压缸后端所顶的管片为绝对刚体，且所顶管片质量无穷大；②推进时液压缸的质量相对整个系统动力学的影响可以忽

略，液压缸只起弹簧与阻尼的作用，且阻尼是黏滞性的；③对于整个工作空间，振动的位移很小，因而系统是近似线性的。

研究共振激振的强迫振动，通常感兴趣的是系统的稳态响应，研究表明，即使小阻尼系统，暂态运动也很快就消失。除共振附近外，稳态响应可以用无阻尼的响应近似表示。同时很多工程表明：在计算该系统的固有频率和振型时，可将比较复杂的系统加以简化，把一些靠近的、彼此之间相对变形较小的旋转质量加以归并，以减少系统的自由度数，忽略系统的阻尼，把传动系看成无阻尼自由振动系统。不计系统阻尼，所算出的固有频率与真实固有频率值是比较接近的。因此，下面将基于无阻尼状态下对系统的固有振动频率进行研究。

如图 5.11 所示，盾构主机看作是一个质量均匀的圆柱体，推进系统中的每台液压缸看作是一只弹簧。$Oxyz$ 笛卡儿坐标系的原点 O 固定在圆柱体的质心上，z 轴平行盾构轴线指向盾构掘进方向，y 轴垂直 z 轴指向地面，x 轴由右手定则确定。这样就确立了空间坐标 $Oxyz$。盾构主机在 z 轴方向的振动位移为 z。主机绕 x 轴的逆时针转角是 θ，绕 y 轴的逆时针转角是 ϕ，液压缸的排布半径是 r，主机简化圆柱体的高为 h，k_i 是推进系统中第 i 台

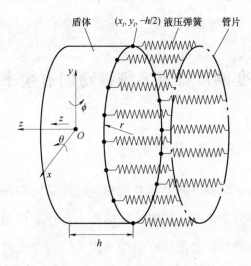

图 5.11　盾构振动简化模型

液压缸长度为 l_t 时的刚度，推进系统共有 n 台液压缸。

由于角度 θ 和 ϕ 很小，因此下式（5-70）～式（5-74）成立

$$\cos\theta \approx 1 \tag{5-70}$$

$$\sin\theta \approx \theta \tag{5-71}$$

$$\cos\phi \approx 1 \tag{5-72}$$

$$\sin\phi \approx \phi \tag{5-73}$$

$$\theta\phi \approx 0 \tag{5-74}$$

由式（5-70）～式（5-74），下式（5-75）～式（5-77）可以推出

$$\begin{pmatrix} 1 & 0 & 0 \\ 0 & \cos\theta & -\sin\theta \\ 0 & \sin\theta & \cos\theta \end{pmatrix} \approx \begin{pmatrix} 1 & 0 & 0 \\ 0 & 1 & -\theta \\ 0 & \theta & 1 \end{pmatrix} \tag{5-75}$$

$$\begin{pmatrix} \cos\phi & 0 & \sin\phi \\ 0 & 1 & 0 \\ -\sin\phi & 0 & \cos\phi \end{pmatrix} \approx \begin{pmatrix} 1 & 0 & \phi \\ 0 & 1 & 0 \\ -\phi & 0 & 1 \end{pmatrix} \tag{5-76}$$

$$\begin{pmatrix} 1 & 0 & 0 \\ 0 & \cos\theta & -\sin\theta \\ 0 & \sin\theta & \cos\theta \end{pmatrix} \begin{pmatrix} \cos\phi & 0 & \sin\phi \\ 0 & 1 & 0 \\ -\sin\phi & 0 & \cos\phi \end{pmatrix} \approx \begin{pmatrix} 1 & 0 & \phi \\ 0 & 1 & -\theta \\ -\phi & \theta & 1 \end{pmatrix} \tag{5-77}$$

由于主机在三个方向产生的振动位移，因此液压弹簧的长度也在变化，液压弹簧长度变化计算公式可以通过式（5-78）求得

$$\begin{pmatrix} x_i' \\ y_i' \\ z_i' \end{pmatrix} = \begin{pmatrix} 0 \\ 0 \\ z \end{pmatrix} + \begin{pmatrix} 1 & 0 & \phi \\ 0 & 1 & -\theta \\ -\phi & \theta & 1 \end{pmatrix} \begin{pmatrix} x_i \\ y_i \\ -h/2 \end{pmatrix} \tag{5-78}$$

式中，$(x_i, y_i, -h/2)$ 是第 i 台液压缸在坐标系 $Oxyz$ 中的布局坐标；(x_i', y_i', z_i') 是第 i 台液压缸布局坐标在系统经过振动位移后在坐标系 $Oxyz$ 中的布局坐标。

由式（5-78）可以求得液压弹簧的变形量为

$$\Delta l_i = |z_i + h/2| \tag{5-79}$$

式中，Δl_i 表示液压缸弹簧的变形量。

由上式的变形量可以求得推进系统液压弹簧的总势能为

$$U = \frac{1}{2}\sum_{i=1}^{n} k_i \Delta l_i^2 = \frac{1}{2}\sum_{i=1}^{n} k_i (z + \theta y_i - \phi x_i)^2 \tag{5-80}$$

在实际盾构工程中，推进系统所有液压缸的型号都是相同的，因此推进系统液压缸相同位移处各液压刚度是相等的。因此，式（5-80）可以简化为

$$U = \frac{1}{2}k \sum_{i=1}^{n} (z + \theta y_i - \phi x_i)^2 \tag{5-81}$$

式中，k 为推进系统液压缸长度为 l_t 时刚度值。

系统总动能表达式为

$$T = \frac{1}{2}m\dot{z}^2 + \frac{1}{2}J_x \dot{\theta}^2 + \frac{1}{2}J_y \dot{\phi}^2 \tag{5-82}$$

应用拉格朗日方程构建该推进系统振动微分方程，对上式求偏微分，可以得到

$$\frac{\partial U}{\partial z} = k \sum_{i=1}^{n} (z + \theta y_i - \phi x_i) \tag{5-83}$$

$$\frac{\partial U}{\partial \theta} = k \sum_{i=1}^{n} y_i(z + \theta y_i - \phi x_i) \tag{5-84}$$

$$\frac{\partial U}{\partial \phi} = -k \sum_{i=1}^{n} x_i(z + \theta y_i - \phi x_i) \tag{5-85}$$

$$\frac{d}{dt}\left(\frac{\partial T}{\partial \dot{z}}\right) = m\ddot{z} \tag{5-86}$$

$$\frac{d}{dt}\left(\frac{\partial T}{\partial \dot{\theta}}\right) = J_x \ddot{\theta} \tag{5-87}$$

$$\frac{d}{dt}\left(\frac{\partial T}{\partial \dot{\phi}}\right) = J_y \ddot{\phi} \tag{5-88}$$

因此，基于式（5-83）~式（5-88），对于该三自由度系统的振动微分方程可以直接列出如下式（5-89）~式（5-91）

$$m\ddot{z} + k\sum_{i=1}^{n}(z + \theta y_i - \phi x_i) = 0 \tag{5-89}$$

$$J_x\ddot{\theta} + k\sum_{i=1}^{n}y_i(z + \theta y_i - \phi x_i) = 0 \tag{5-90}$$

$$J_y\ddot{\phi} - k\sum_{i=1}^{n}x_i(z + \theta y_i - \phi x_i) = 0 \tag{5-91}$$

联立方程式（5-89）~式（5-91），构建振动矩阵方程式（5-92）

$$\begin{pmatrix} m & 0 & 0 \\ 0 & J_x & 0 \\ 0 & 0 & J_y \end{pmatrix}\begin{pmatrix} \ddot{z} \\ \ddot{\theta} \\ \ddot{\phi} \end{pmatrix} + \begin{pmatrix} nk & k\sum_{i=1}^{n}y_i & -k\sum_{i=1}^{n}x_i \\ k\sum_{i=1}^{n}y_i & k\sum_{i=1}^{n}y_i^2 & -k\sum_{i=1}^{n}x_i y_i \\ -k\sum_{i=1}^{n}x_i & -k\sum_{i=1}^{n}x_i y_i & k\sum_{i=1}^{n}x_i^2 \end{pmatrix}\begin{pmatrix} z \\ \theta \\ \phi \end{pmatrix} = \begin{pmatrix} 0 \\ 0 \\ 0 \end{pmatrix} \tag{5-92}$$

5.3.2 推进系统振动频率线构建

由式（5-92）可以直接得到如下的频率特征方程式

$$|\boldsymbol{B} - \omega^2 \boldsymbol{E}| = 0 \tag{5-93}$$

式中，$\boldsymbol{B} = \begin{pmatrix} \dfrac{nk}{m} & \dfrac{k}{m}\sum_{i=1}^{n}y_i & -\dfrac{k}{m}\sum_{i=1}^{n}x_i \\ \dfrac{k}{J_x}\sum_{i=1}^{n}y_i & \dfrac{k}{J_x}\sum_{i=1}^{n}y_i^2 & -\dfrac{k}{J_x}\sum_{i=1}^{n}x_i y_i \\ -\dfrac{k}{J_y}\sum_{i=1}^{n}x_i & -\dfrac{k}{J_y}\sum_{i=1}^{n}x_i y_i & \dfrac{k}{J_y}\sum_{i=1}^{n}x_i^2 \end{pmatrix}$，$\boldsymbol{E}$ 表示单位矩阵，ω

为系统的固有频率，m 为盾构主机质量，J_x 和 J_y 分别是盾构简化体关于 x 轴和 y 轴的转动惯量。

由于盾构主机的简化体是标准的圆柱体，两个转动惯量满足下式

$$J_x = J_y \tag{5-94}$$

根据 Gerschgorin 特征值估算圆盘定理，三个固有频率满足下式（5-95）~式（5-97）三个不等式

$$\left|\omega_1^2 - \frac{kn}{m}\right| \leq \frac{k}{m}\left(\left|\sum_{i=1}^{n} x_i\right| + \left|\sum_{i=1}^{n} y_i\right|\right) \tag{5-95}$$

$$\left|\omega_2^2 - \frac{k}{J_x}\sum_{i=1}^{n} y_i^2\right| \leq \frac{k}{J_x}\left(\left|\sum_{i=1}^{n} y_i\right| + \left|\sum_{i=1}^{n} x_i y_i\right|\right) \tag{5-96}$$

$$\left|\omega_3^2 - \frac{k}{J_y}\sum_{i=1}^{n} x_i^2\right| \leq \frac{k}{J_y}\left(\left|\sum_{i=1}^{n} x_i\right| + \left|\sum_{i=1}^{n} x_i y_i\right|\right) \tag{5-97}$$

式中，ω_1，ω_2 和 ω_3 表示系统的三个固有频率。

同时，由矩阵的特征值定理，则可以得到下式（5-98）

$$\omega_1^2 + \omega_2^2 + \omega_3^2 = kn\left(\frac{r^2}{J_x} + \frac{1}{m}\right) \tag{5-98}$$

如第 5.2 节所述，液压缸的刚度是由液压油和液压缸串联而成的，但由于液压缸的弹性模量要比液压油的大得多，因此液压缸的刚度就可以看作是液压油的刚度值。因此，式（5-28）中的刚度是随着液压缸的伸长逐渐变小的。每台液压缸的刚度可以通过式（5-99）求得

$$k = K_V A_1 / (L_1 + \chi) \tag{5-99}$$

式中，A_1 表示无杆腔活塞面积；L_1 为液压油初始当量长度；K_V 为液压缸中液压油的体积弹性模量；χ 为活塞位移。

式（5-99）表明：液压缸液压油的刚度，随着液压缸的不断伸长是一系列连续值。如图 5.12 所示，液压缸液压油的最大刚度值 k_{max} 在液压缸最

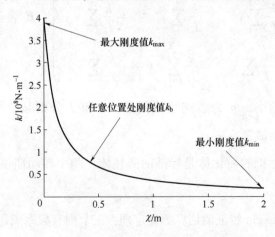

图 5.12　液压缸刚度值随伸长变化情况

短处；液压缸液压油的最小刚度值 k_{min} 在液压缸最长处；刚度值随着液压缸的伸长，开始时刚度值迅速变小，随着液压缸的不断伸长，刚度值的变化变得比较缓慢。

当刚度值为如图 5.12 所示的最大值 k_{max} 时，矩阵 B 的表达式和式（5-98）可以写成

$$B = \begin{pmatrix} \dfrac{nk_{max}}{m} & \dfrac{k_{max}}{m}\sum_{i=1}^{n}y_i & -\dfrac{k_{max}}{m}\sum_{i=1}^{n}x_i \\ \dfrac{k_{max}}{J_x}\sum_{i=1}^{n}y_i & \dfrac{k_{max}}{J_x}\sum_{i=1}^{n}y_i^2 & -\dfrac{k_{max}}{J_x}\sum_{i=1}^{n}x_iy_i \\ -\dfrac{k_{max}}{J_y}\sum_{i=1}^{n}x_i & -\dfrac{k_{max}}{J_y}\sum_{i=1}^{n}x_iy_i & \dfrac{k_{max}}{J_y}\sum_{i=1}^{n}x_i^2 \end{pmatrix} \quad (5\text{-}100)$$

$$\omega_1^2 + \omega_2^2 + \omega_3^2 = a \quad (5\text{-}101)$$

式中，$a = k_{max} n \left(\dfrac{r^2}{J_x} + \dfrac{1}{m} \right)$。

将式（5-100）代入式（5-93），矩阵 B 的三个特征值可以求出

$$\omega_1^2 = (\omega_1^2)_L \quad (5\text{-}102)$$

$$\omega_2^2 = (\omega_2^2)_L \quad (5\text{-}103)$$

$$\omega_3^2 = (\omega_3^2)_L \quad (5\text{-}104)$$

如图 5.13 所示，对应的三个特征值都应在由式（5-101）所确定的最大刚度值频率三角面上。在图 5.13 中，点 L 的三个坐标值就是矩阵 B 确定的三个特征值。

同理，如图 5.12 所示，当刚度值为最小 k_{min} 时，下式（5-105）~式（5-106）可以得到

$$B = \begin{pmatrix} \dfrac{nk_{min}}{m} & \dfrac{k_{min}}{m}\sum_{i=1}^{n}y_i & -\dfrac{k_{min}}{m}\sum_{i=1}^{n}x_i \\ \dfrac{k_{min}}{J_x}\sum_{i=1}^{n}y_i & \dfrac{k_{min}}{J_x}\sum_{i=1}^{n}y_i^2 & -\dfrac{k_{min}}{J_x}\sum_{i=1}^{n}x_iy_i \\ -\dfrac{k_{min}}{J_y}\sum_{i=1}^{n}x_i & -\dfrac{k_{min}}{J_y}\sum_{i=1}^{n}x_iy_i & \dfrac{k_{min}}{J_y}\sum_{i=1}^{n}x_i^2 \end{pmatrix} \quad (5\text{-}105)$$

$$\omega_1^2 + \omega_2^2 + \omega_3^2 = c \tag{5-106}$$

式中，$c = k_{\min} n \left(\dfrac{r^2}{J_x} + \dfrac{1}{m} \right)$。

根据特征值的特性，若已知最大刚度值处的特征值，在最小刚度值处的三个特征值就可以通过式（5-107）~式（5-109）确定

$$\omega_1^2 = \dfrac{k_{\min}}{k_{\max}} (\omega_1^2)_L \tag{5-107}$$

$$\omega_2^2 = \dfrac{k_{\min}}{k_{\max}} (\omega_2^2)_L \tag{5-108}$$

$$\omega_3^2 = \dfrac{k_{\min}}{k_{\max}} (\omega_3^2)_L \tag{5-109}$$

如图 5.13，最小刚度值频率三角面上 S 点的三个坐标值就是由式（5-107）~式（5-109）确定的三个特征值。式（5-106）构建了最小刚度频率三角面。

同理，如图 5.12 中的任意位置时刚度值 k_b 的三特征值可以直接由最大刚度值处的特征值推导出

$$\omega_1^2 = \dfrac{k_b}{k_{\max}} (\omega_1^2)_L \tag{5-110}$$

$$\omega_2^2 = \dfrac{k_b}{k_{\max}} (\omega_2^2)_L \tag{5-111}$$

$$\omega_3^2 = \dfrac{k_b}{k_{\max}} (\omega_3^2)_L \tag{5-112}$$

上面的三个特征值代表了如图 5.13 中任意刚度值频率三角面内的 M 点的三个坐标值。

由 L，S 和 M 三点坐标值可以知道，三点应该在同一直线上，并且该直接通过原点。这条线定义为系统的频率线。

频率线能够清楚的表示推进系统随着液压缸伸长刚度变化时，频率的变化情况。

我们知道，工程中为了防止共振，要求外界的激振频率应该避开系统

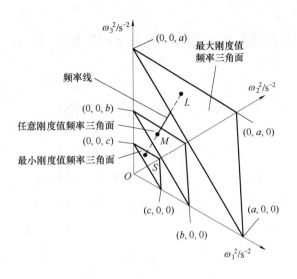

图 5.13 推进系统频率线

的固有频率。因此，在设计盾构推进系统时，满足液压缸推力均匀掘进需要的同时，也要考虑系统的固有频率段不包含激振源频率。根据上面的频率线，可以求得固有频率的频宽为

$$F_b = \frac{k_{\max}}{k_{\min}} \cdot \max[(\omega_1)_S,(\omega_2)_S,(\omega_3)_S] - \min[(\omega_1)_S,(\omega_2)_S,(\omega_3)_S] \quad (5\text{-}113)$$

为了更加容易的避开系统的固有频率，当然希望固有频率段越窄越好。因此，联立式（5-113）和式（5-101）可以得到，当式（5-114）成立时，F_b 取得最小值

$$(\omega_1)_S = (\omega_2)_S = (\omega_3)_S \quad (5\text{-}114)$$

式（5-114）表明：当点 S、M 和 L 分别位于频率三角面的中心时，固有频率的频段是最窄的。把满足式（5-114）的系统称为理想系统。

通过以上的分析，我们可以知道：

1）当系统液压缸的数量确定后，任何液压缸布局的推进系统频率线一定是处于最大刚度频率三角面与最小刚度频率三角面之间，并通过原点。

2）给定系统质量和转动惯量参数，频率线的位置取决于液压缸布局参数。

5.4 均匀地层下推进系统布局设计优化方法及应用

5.4.1 推进系统布局设计总体性评价指标

通常情况下，盾构液压缸应等间隔的设置在盾构支撑环的内侧，紧靠盾构外壳的地方，液压缸的伸缩方向应与盾构隧道轴线平行。但在一些特殊情况下，如地质不均匀、存在偏向载荷等客观条件时，也可考虑非等间隔设置。同时由第3.1节的推进系统力传递特性研究和第5.2节的基于变刚度推进系统变形特性研究可以知道，在某些特殊场合，液压缸配置相同而布局不同的非均匀系统具有更好的力传递和变形特性。

在盾构法施工中，管片开裂对隧道施工质量影响最大，也是盾构隧道施工首要考虑的因素，因为管片的开裂最终会影响到隧道的使用寿命。造成管片开裂的原因很多，但是盾构施工时推进系统液压缸作用在管片上的推力过大是造成管片开裂的最直接原因，在广州某地铁施工中这种管片开裂数占总开裂数的90%以上。

因此，本节将从力传递最优考虑，同时兼顾变刚度推进系统变形最小，完成系统的布局优化设计，然后分析推进系统变刚度下的振动固有频率特性，为选择合适的推进系统动力源提供理论依据。

1. 推进系统力均匀分布准则

在非均匀推进系统中根据力传递和变形特性，让液压缸推力均匀作用到管片上需满足以下条件：①在给定地质条件下，掘进阻力、水平阻力矩和纵向阻力矩分别为 F_z、M_x 和 M_y，当推进系统每台液压缸受力相等，对于掘进阻力 F_z，空间力椭圆偏心率等高线中心点为 (M_x, M_y)；②力椭圆偏心率等高线椭圆族中椭圆的两轴分布与力矩平面中的两坐标轴平行；③在满足②的前提下，椭圆两轴中平行 OM_x 轴的长度与平行 OM_y 轴的长度之比等于水平阻力矩 M_x 与纵向阻力矩 M_y 变化范围之比；④每两台液压缸的间距应大于最小间距。以下部分将讨论对于每台液压缸满足这四个条件的布局参数。

根据本书3.1节力椭圆偏心率等高线的分布特征，当力椭圆偏心率等高线与图5.14所示相似时，这表明当推力为 F_z 时，椭圆簇中心为 (M_x, M_y)。推进系统每台液压缸布局参数，应该满足下列等式

$$F_1 = \cdots = F_{24} = \frac{F_z}{24} \tag{5-115}$$

$$\sum_{i=1}^{N} F_i R\cos\theta_i + M_y = 0 \tag{5-116}$$

$$\sum_{i=1}^{N} F_i R\sin\theta_i - M_x = 0 \tag{5-117}$$

式中，F_i 为第 i 台液压缸的推力；R 为液压缸的布局半径；θ_i 为第 i 台液压缸的布局相位角；N 为推进系统液压缸的数量，其中 $N=24$。

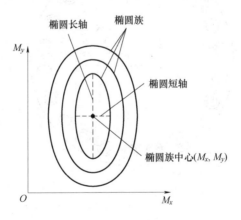

图5.14 力椭圆偏心率等高线椭圆族

如果系统力椭圆偏心率等高线中椭圆两轴分别平行于坐标两轴，每台液压缸的相位角都应满足式（3-58），得出等式（5-118）

$$a_{N+2,2}a_{N+2,3} + a_{N+3,2}a_{N+3,3} = 0 \tag{5-118}$$

式中，$a_{N+2,2}$，$a_{N+2,3}$，$a_{N+3,2}$ 和 $a_{N+3,3}$ 能从式（3-47）所表示的力传递矩阵中推导得到。

在系统的布局参数满足等式（5-118）之后，椭圆等高线两轴之比等于水平阻力矩和纵向阻力矩之比。基于式（3-58），下列的方程能够获得

$$\frac{\sqrt{a_{N+2,2}^2 + a_{N+3,2}^2}}{\sqrt{a_{N+2,3}^2 + a_{N+3,3}^2}} = b \tag{5-119}$$

式中，b 是在给定地质条件下水平阻力矩和纵向阻力矩变化范围之比。

相位角用来表示推进系统每台液压缸的位置，正如图 5.15 所示，第 i 台液压缸的相位角为 θ_i，Δ_θ 为液压缸相位角之间的最小夹角，其表达式为

$$\Delta_\theta = \frac{d}{R} \tag{5-120}$$

式中，d 为液压缸的外径，R 为液压缸的圆周排布半径。

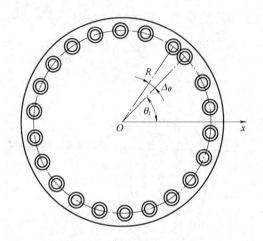

图 5.15 推进系统液压缸最小间距

鉴于推进系统最小相位角，等式（5-121）能够得到

$$\Delta_\theta \leq |\theta_i - \theta_{i+1}|, \quad (i = 1, 2, \cdots, N) \tag{5-121}$$

式中，θ_i 为第 i 台液压缸的布局相位角。

2. 推进系统变形最小准则

对于直径为 6.34m 的盾构，理论上系统在掘进时，改变掘进方向采用液压缸伸长量的差值最大为 25cm。然而，如此大的差值就需要盾构前后体排开大量土体，因而造成较大的偏向力矩，使液压缸作用在管片上的偏载

激增，引起管片的破坏。为了避免这种现象的发生，当盾构需要大角度偏转时，通过连续控制几个差为 5cm 的小伸长量转弯来实现盾构的大转弯。液压系统液压油具有可压缩性，故盾构在掘进过程中，刀盘就如同安装在一个巨大的弹簧上。随着液压缸的向前推进，液压弹簧的刚度不断减小，推进系统较大的变形必然会使盾构在进行偏转时引起较大的控制误差。因此，在推进系统布局设计过程中应该充分考虑系统因较大变形对盾构在掘进过程中位置姿态的控制调整出现偏差的严重影响。

3. 推进系统避免共振准则

由于盾构施工环境的复杂性或恶劣性，盾构的推进系统通常都是采用液压系统进行动力的传递、分配和控制。但由于推进系统液压缸中液压油的可压缩性，除了产生受力变形引起姿态调整误差外，还会由于液压弹性而引起振动。如果刀盘系统、液压动力源系统等可能产生激振源的振动频率与推进系统固有频率相近，这将引起共振现象。共振现象可能会引起系统其他部件的振动、碰撞，严重的可能引起整个工作系统的瘫痪。因此，在推进系统布局设计过程中应该充分考虑共振可能造成的严重影响。

5.4.2 均匀地层下盾构非均匀推进系统布局优化设计

基于本书 5.4.1 小节的分析，要使盾构在给定地质条件下掘进，推进系统液压缸受力最均匀，则每台液压缸的布局参数应该满足等式（5-115）~式（5-119）。虽然找到满足等式（5-115）~式（5-119）的所有液压缸布局相位角是相当困难的，但可以求得比较近似的解。

假设等式（5-122）~式（5-125）成立，则

$$\Delta x = \sum_{i=1}^{N} F_i R\cos\theta_i - M_y \tag{5-122}$$

$$\Delta y = \sum_{i=1}^{N} F_i R\sin\theta_i + M_x \tag{5-123}$$

$$p = a_{N+2,2}a_{N+2,3} + a_{N+3,2}a_{N+3,3} \tag{5-124}$$

$$q = \frac{\sqrt{a_{N+2,2}^2 + a_{N+3,2}^2}}{\sqrt{a_{N+2,3}^2 + a_{N+3,3}^2}} \tag{5-125}$$

为了求解每台液压缸布局参数的近似值,采用蒙特卡洛法在以下条件不等式中进行搜索

$$|\Delta x| < l_1 \tag{5-126}$$

$$|\Delta y| < l_2 \tag{5-127}$$

$$|p| < l_3 \tag{5-128}$$

$$|q| < l_4 \tag{5-129}$$

式中,l_k($k=1$,2,3,4)表示任何接近于0的正值。

正如图 5.16 所示,直径 6.28m 的盾构推进系统结构参数为:$r=2.85$m,$N=24$,$W=200$t 和 $L=7420$mm。W 和 L 分别表示盾构主体的质量和长度,推进系统外径和内径分别是 235mm 和 190mm,液压油的体积弹性模量是 1.4×10^9Pa。AP080-2R1A-E1P-B1 液压缸为推进系统提供动力,该型号液压缸由九台杜塞泵组成,工作转速达到 2550r/min。该盾构在上海、北京和广州的众多项目施工中成功投入使用。

图 5.16 直径 6.28m 的土压平衡盾构

在工程应用中,推进系统所有均匀排布的液压缸都被分成四个部分,每个部分在掘进过程中都被单独控制。目前,均匀布局系统在实际工程应

用中经常被使用。我们假定一台直径 6.34 m 的盾构能够在 26 m 厚的土层下掘进，地质参数见表 5-3。根据盾构主体的结构参数和上述掘进过程中的地质参数，掘进阻力和水平阻力矩分别为 2922.3×10^4 N 和 $-860\times10^4\sim-760\times10^4$ N·m。然而，图 5.17 表明在设计掘进路线时，为了从位置 1 到位置 3 处避免破坏地面上的深地基建筑物，在位置 2 处应以半径 R 进行曲线掘进。显然，在位置 2 处将产生一个大的纵向阻力矩。而该纵向阻力矩的增大加大了管片被压溃的可能性。在位置 2 处为了实现向左偏转，纵向阻力矩变化区间为 $-255\times10^4\sim-205\times10^4$ N·m。在此种情况下非均匀布局的推进系统更合适。

表 5-3 盾构掘进地质参数

参数名	土体密度 /kg·m^{-3}	土体内摩擦角/(°)	黏聚力 /kPa	地面超载 /kPa	水平方向压力系数	钢材与土体的摩擦因数
值	2.18×10^3	32	16.7	20	0.48	0.4

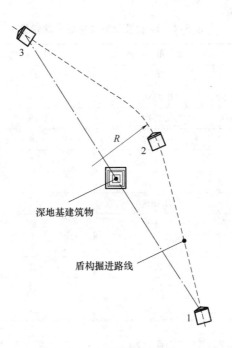

图 5.17 掘进路线规划

当 $l_1=1$, $l_2=1$, $l_3=0.5$, $l_4=2$ 时,表 5-4 显示了每台液压缸相位角的布局参数。图 5.18 展示了对应表 5-4 中液压缸相位角的优化布局设计形式。

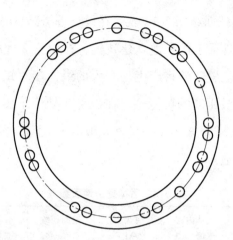

图 5.18 优化后液压缸布局

表 5-4 24 台液压缸优化后布局参数

液压缸 i	相位角 θ_i/rad	液压缸 i	相位角 θ_i/rad
1	0	13	3.2644
2	0.4386	14	3.4925
3	0.7719	15	3.6153
4	0.8947	16	4.2460
5	1.1044	17	4.3933
6	1.2518	18	4.7124
7	1.5708	19	5.0314
8	1.8898	20	5.1787
9	2.0371	21	5.4681
10	2.2212	22	5.8014
11	2.3441	23	5.9242
12	3.1416	24	6.1523

1. 优化布局后系统力传递分析

图 3.3 中的四分区系统力椭圆偏心率等高线如图 3.14 所示。在图 3.14

中，随着外部力矩 M_x 和 M_y 的变化，力椭圆偏心率不断增加。等高线中心坐标为 (0，0)，这表明任何外力矩都能让推进系统产生偏载，而这极易造成管片破裂。

然而，通过将表5-4所列布局相位角参数代入到力椭圆模型中能够得到图5.19所示的力椭圆偏心率等高线。正如图5.19所示，椭圆族的中心为（-809.1，-230.6）与目标中心点（-810，-230）接近。同时椭圆族中椭圆的两轴基本和坐标的两轴平行，椭圆两轴中平行于 OM_x 和 OM_y 的轴之比接近2:1，这和在上述给定条件下的水平阻力矩和纵向阻力矩变化范围之比相等。这些结果表明优化后的推进系统能够均匀地将力传递到管片，以此来防止这些管片在给定条件下发生破裂。

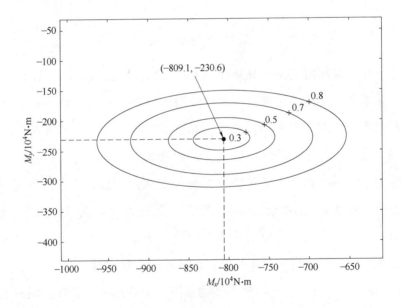

图 5.19 优化后力椭圆偏心率等高线

2. 优化布局后系统变形分析

通过将表5-4中优化后的相位角和四分区系统的相位角代入到变形椭圆模型中能够得到图5.20中显示的结果。正如图5.20所示，两种类型的系统液压缸最大变形量将随着液压缸的伸长而不断增加。推进系统液压缸

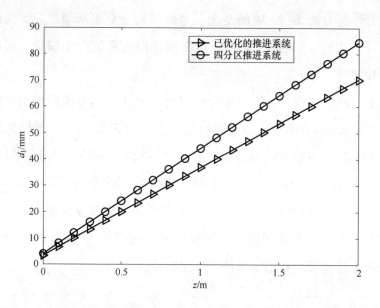

图 5.20 系统最大变形量和液压缸伸长量的关系

最大变形量与液压缸活塞位移呈线性关系。当液压缸活塞达到最大位移时,优化后系统和四分区系统最大变形量分别达到 70.3mm 和 84.5mm,此时两种类型的系统刚度达到最小。然而,当推进系统位于掘进初始阶段,此时系统刚度最大,优化后系统的最大变形量为 3.3mm,而四分区系统的最大变形量为 4.0mm。因此,无论推进系统处于何种阶段,四分区系统产生的最大变形量比优化后系统产生的最大变形量要大。因此,四分区系统液压缸变形量比优化后的系统更易达到极限值。所以,操作人员和设计者应该保证系统产生的最大变形量不能超过使系统失效的限值。

正如图 5.21 所示,在两种类型的液压缸中变形差 t 随着液压缸的伸长呈线性递增关系。对于优化后的系统而言,在液压缸整个伸长过程中,变形差 t 的变化范围为 $1.88 \times 10^{-3} \sim 39.5 \times 10^{-3}$ mm,整个变形差变化范围趋近于零。结果表明:优化后的推进系统在调整盾构主机姿态方面表现更好。在整个液压缸伸长过程中,优化后的系统可以在液压缸的任何位移处进行盾构姿态的控制。然而,在四分区系统中,当液压缸从 1.4mm 伸长到 28.4mm 时,变形差 t 呈线性增加,最大变形量超过 25mm,这将导致盾构主机在姿态调整和控制过程中产生巨大的偏差。

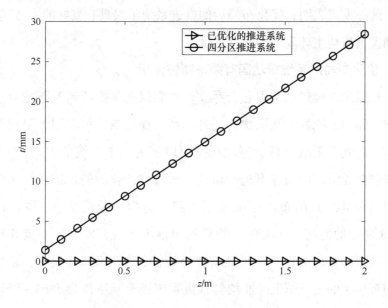

图 5.21 变形差随液压缸伸长量变化关系

图 5.22 显示的是推进系统液压缸伸长到最大值时变形差与阻力矩的关系。在图 5.22 中，等高线的中心点为（-809.1，-230.6）。中心点表明：如果盾构掘进阻力为 2922.3×10^4 N，在所处地质条件及其自身参数结构下产生外载力矩 M_x 和 M_y 分别接近 -809.1×10^4 N·m 和 -230.6×10^4 N·m，此时系统最大变形量差将保持在零点附近。这将给盾构的姿态调整带来最

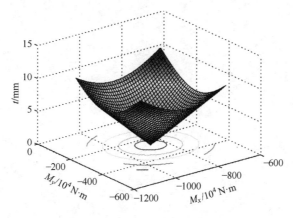

图 5.22 变形差与阻力矩关系

小的误差。虽然图5.19和图5.22坐标显示有所区别，但中心点坐标是相同的。这一发现表明：优化布局后的推进系统不仅具有良好的力传递特性，而且确保了盾构主体姿态的调整精度。

3. 优化布局后系统振动固有频率特性分析

虽然阻尼在推进系统中总会存在，但它仅在共振的情况下才对系统产生影响。除当系统处于共振状态之外，系统稳态响应可以用无阻尼响应近似表示。因此，无阻尼自由振动频率可以视为一个系统的振动固有频率。接下来将在无阻尼的条件下进行研究。通过将优化后的推进系统和四分区系统的每台液压缸的布局相位角代入到振动频率线模型中，可以得到如图5.23所示的情况——优化后的非均匀推进系统、四分区系统和理想系统，而该图所表示的是当液压缸由初始端伸长至末端2m处时，系统三个方向固有频率的变化情况。非均匀推进系统固有频率段为38.4~251.1Hz，四分区系统的固有频率段为45.6~214.7Hz，而理想系统的固有频率段为46.4~212.8Hz。当液压缸激振频率接近系统的固有频率时，共振将会发生并对整个推进系统造成毁坏性的后果。

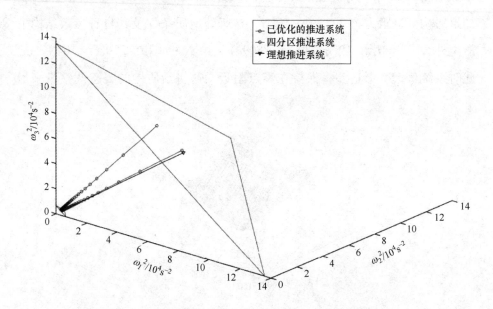

图5.23 优化后系统、四分区系统和理想系统频率线

液压缸的频率计算公式可以通过下式求得

$$f = \frac{2vm}{60} \tag{5-130}$$

式中，v 表示液压缸的转速，m 表示液压缸柱塞泵的数目。

通过将上述液压泵的所有参数代入到式（5-130），求得激振频率为 765Hz。将激振频率与优化后系统的共振频率段进行比较，可以发现：激振频率远离系统的共振频率段。因此，为了防止隧道管片不被压溃，在外界载荷变化的情况下采用非均匀布局应是更好的选择。

5.4.3 均匀地层下盾构分区推进系统布局优化设计

由第 5.4.1 小节对 24 台非均匀推进系统液压缸优化分析可以看出，对于液压缸较少或者采用自动控制的推进系统，采用非分区推进系统比较合适，但是随着盾构直径的增大，液压缸数量增多，优化过程中优化的参数也增多，因此工作量较大。而且如果考虑掘进阻力的变化，优化问题就显得更加复杂。

而现有盾构推进系统，为降低控制复杂程度，通常将所有的推进液压缸，按上下左右分成 B、D、C、A 四区，上区液压缸数量最少，下区最多，左右区居中。盾构掘进过程中，根据施工地质条件和隧道设计路线，单独控制每区液压缸的压力和速度，以实现盾构左转、右转、抬头、低头或直行推进，从而保证盾构的掘进路线符合隧道的设计路线。

目前对于四分区推进系统液压缸的布局设计多采用工程经验来完成，很少见到相关的理论研究。本节以液压缸推力最均匀为优化目标，利用力传递矩阵，构建了盾构推进系统在随机载荷条件下的推进液压缸布局优化模型。并将该模型应用到工程案例中，通过对系统推力均值和离差均匀性比较，得到了盾构四分区推进系统液压缸优化布局方案。

1. 四分区系统力学模型构建

如图 5.24 是目前工程中最常用的推进系统液压缸布局方式，其中每小对液压缸（两台液压缸组成一对）沿圆周方向等间距布局，并将这些液压缸分为四区。

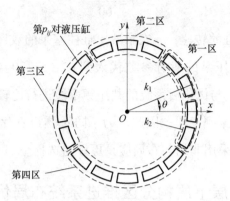

图 5.24 液压缸分区布局

在盾构质心上构建坐标系，第一区液压缸有 n_1 对；第二区液压缸有 n_2 对；第三区液压缸有 n_3 对；第四区液压缸有 n_4 对。其中：第一区液压缸中的 k_1 对在第一象限，k_2 对在第四象限，且在第一象限中的第一对液压缸中心线与 x 轴夹角为 θ（$0 \leqslant \theta \leqslant 2\pi/N$），$N = n_1+n_2+n_3+n_4$。

根据第 2.1 节中的盾构需要克服的外载荷分析及其图 5.24 中推进系统液压缸分区布局，得如图 5.25 对应的系统受力分布。图 5.25 中的 f_z 表示盾构在 z 轴方向上受到的阻力，m_x 和 m_y 分别表示盾构在 x 轴和 y 轴方向上受到的阻力矩。f_{ij} 表示对应图 5.24 推进系统第 p_{ij} 对液压缸克服外界阻力和阻力矩需要的推力。

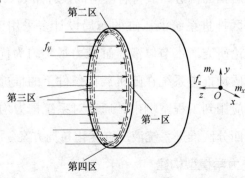

图 5.25 受力分布

同理，由第 2.2 节中的推进系统力学建模，由于盾构掘进时很缓慢，可以认为任何时刻盾构是静力平衡，则根据图 5.25 所示的受力分布情况，可得力平衡方程式

$$(\$_{p_1} \$_{p_2} \$_{p_3} \$_{p_4}) \begin{pmatrix} f_{11} \\ \vdots \\ f_{1n_1} \\ f_{21} \\ \vdots \\ f_{2n_2} \\ f_{31} \\ \vdots \\ f_{3n_3} \\ f_{41} \\ \vdots \\ f_{4n_4} \end{pmatrix} = \begin{pmatrix} 0 \\ 0 \\ -f_z \\ -m_x \\ -m_y \\ 0 \end{pmatrix} \quad (5\text{-}131)$$

式中，$\$_{pi}$ 表示第 i 区推进液压缸的单位线矢量组成的力传递雅可比矩阵。

$$\$_{p_1} = (\$_1 \cdots \$_{k_1} \$_{k_1+n_2+n_3+n_4+1} \cdots \$_N) \quad (5\text{-}132)$$

$$\$_{p_2} = (\$_{k_1+1} \cdots \$_{k_1+n_2}) \quad (5\text{-}133)$$

$$\$_{p_3} = (\$_{k_1+n_2+1} \cdots \$_{k_1+n_2+n_3}) \quad (5\text{-}134)$$

$$\$_{p_4} = (\$_{k_1+n_2+n_3+1} \cdots \$_{k_1+n_2+n_3+n_4}) \quad (5\text{-}135)$$

根据极坐标和直角坐标的关系得式（5-136）

$$\$_i = \begin{pmatrix} 0 \\ 0 \\ -1 \\ -R\sin\left(\theta + \dfrac{2(i-1)\pi}{N}\right) \\ R\cos\left(\theta + \dfrac{2(i-1)\pi}{N}\right) \\ 0 \end{pmatrix}, \quad (i=1,2,\cdots,N) \quad (5\text{-}136)$$

其中，$(\$_{p_1}, \$_{p_2}, \$_{p_3}, \$_{p_4})$ 为推进系统总的力传递雅可比矩阵。

由于系统各区液压缸内部都是采用并联输入输出的，故得

$$f_i = f_{i1} = f_{i2} = \cdots = f_{in_i}, \quad (i=1,2,3,4) \tag{5-137}$$

将式 (5-132)～式 (5-137) 代入力平衡方程式 (5-131) 得式 (5-138)、式 (5-139) 和式 (5-140) 三个基本方程式

$$n_1 f_1 + n_2 f_2 + n_3 f_3 + n_4 f_4 - f_z = 0 \tag{5-138}$$

$$a_1 f_1 + a_2 f_2 + a_3 f_3 + a_4 f_4 - \frac{m_x}{R} = 0 \tag{5-139}$$

$$b_1 f_1 + b_2 f_2 + b_3 f_3 + b_4 f_4 + \frac{m_y}{R} = 0 \tag{5-140}$$

式中，

$$a_1 = \sum_{i=1}^{k_1} \sin\left(\theta + \frac{2(i-1)\pi}{N}\right) + \sum_{i=N-k_2+1}^{N} \sin\left(\theta + \frac{2(i-1)\pi}{N}\right);$$

$$a_2 = \sum_{i=k_1+1}^{k_1+n_2} \sin\left(\theta + \frac{2(i-1)\pi}{N}\right);$$

$$a_3 = \sum_{i=k_1+n_2+1}^{k_1+n_2+n_3} \sin\left(\theta + \frac{2(i-1)\pi}{N}\right);$$

$$a_4 = \sum_{i=k_1+n_2+n_3+1}^{N-k_2} \sin\left(\theta + \frac{2(i-1)\pi}{N}\right);$$

$$b_1 = \sum_{i=1}^{k_1} \cos\left(\theta + \frac{2(i-1)\pi}{N}\right) + \sum_{i=N-k_2+1}^{N} \cos\left(\theta + \frac{2(i-1)\pi}{N}\right);$$

$$b_2 = \sum_{i=k_1+1}^{k_1+n_2} \cos\left(\theta + \frac{2(i-1)\pi}{N}\right);$$

$$b_3 = \sum_{i=k_1+n_2+1}^{k_1+n_2+n_3} \cos\left(\theta + \frac{2(i-1)\pi}{N}\right);$$

$$b_4 = \sum_{i=k_1+n_2+n_3+1}^{N-k_2} \cos\left(\theta + \frac{2(i-1)\pi}{N}\right)。$$

2. 优化模型构建

（1）基于力均方差最小的拉格朗日优化设计　力学模型式三个方程中，

未知数数目比方程式多,方程有无数解。实际工程中,为保证管片不被液压缸压溃,常使各区间中每小对液压缸作用力基本均匀。因此,取下式为优化函数

$$\Delta(f_1,f_2,f_3,f_4) = \frac{1}{4}\sum_{i=1}^{4}(f_i - \overline{f})^2 \qquad (5\text{-}141)$$

式中, $\overline{f} = \frac{1}{4}\sum_{i=1}^{4}f_i$。

若式(5-141)中的 Δ 取得最小,则四个推力值 f_1, f_2, f_3, f_4 之间相差最小,表明作用在管片上的四区液压缸推力最均匀。为求取 Δ 的极小值,联立力学方程和优化函数构建如下拉格朗日函数式

$$L(f_1,f_2,f_3,f_4,\lambda_1,\lambda_2,\lambda_3) = \Delta(f_1,f_2,f_3,f_4) + \lambda_1(a_1f_1 + a_2f_2 + a_3f_3 + a_4f_4 - f_z) +$$

$$\lambda_2\left(b_1f_1 + b_2f_2 + b_3f_3 + b_4f_4 - \frac{m_x}{R}\right) +$$

$$\lambda_3\left(b_1f_1 + b_2f_2 + b_3f_3 + b_4f_4 + \frac{m_y}{R}\right) \qquad (5\text{-}142)$$

对拉格朗日函数式(5-143)求偏导得

$$\frac{\partial L}{\partial f_i} = \frac{1}{2}(f_i - \overline{f}) + n_i\lambda_1 + a_i\lambda_2 + b_i\lambda_3 = 0, \quad (i=1,2,3,4) \qquad (5\text{-}143)$$

$$\frac{\partial L}{\partial \lambda_i} = 0, \quad (i=1,2,3) \qquad (5\text{-}144)$$

对于确定的一组 f_z, m_x 和 m_y 值,可根据式(5-143)和式(5-144)求得四区的最优液压缸推力值 f_1, f_2, f_3 和 f_4。

(2)基于总相对偏差最小的二次优化分析 实际盾构施工中,要获取施工地质对象足够准确的力学数据信息,通常较为困难,盾构掘进过程中,盾构与地层之间的作用具有随机性。但对于给定地质条件和设计路线可估算出的三个参数 f_z, m_x 和 m_y 的范围值,即三参数分别为 F_z^I, M_x^I 和 M_y^I 三区间变量。因此,给定液压缸 n_1, n_2, n_3, n_4, k_1, θ 排布参数,对应四区液压缸推力 f_1, f_2, f_3 和 f_4 亦分别为 F_1^I, F_2^I, F_3^I 和 F_4^I 的四区间变量。

设

$$f_1 = f_1^c + f_1^r \Delta^l \quad (5\text{-}145)$$

$$f_2 = f_2^c + f_2^r \Delta^l \quad (5\text{-}146)$$

$$f_3 = f_3^c + f_3^r \Delta^l \quad (5\text{-}147)$$

$$f_4 = f_4^c + f_4^r \Delta^l \quad (5\text{-}148)$$

式（5-145）~式（5-148）中，$\Delta^l = [-1, 1]$，f_1^c、f_2^c、f_3^c 和 f_4^c 分别为各自 F_1^l、F_2^l、F_3^l 和 F_4^l 的均值；f_1^r、f_2^r、f_3^r 和 f_4^r 分别为各自的离差。

取总相对偏差最小为二次优化函数

$$\delta_{\text{总min}} = \delta_{\text{均}} + \delta_{\text{离}} \quad (5\text{-}149)$$

式中，$\delta_{\text{均}} = \dfrac{s_{\text{均}}}{\overline{f^c}} \times 100\%$；$\delta_{\text{离}} = \dfrac{s_{\text{离}}}{\overline{f^r}} \times 100\%$；$s_{\text{均}} = \sqrt{\dfrac{1}{4}\sum\limits_{i=1}^{4}(f_i^c - \overline{f^c})^2}$；$s_{\text{离}} = \sqrt{\dfrac{1}{4}\sum\limits_{i=1}^{4}(f_i^r - \overline{f^r})^2}$；$\overline{f^c} = \dfrac{1}{4}\sum\limits_{i} f_i^c$；$\overline{f^r} = \dfrac{1}{4}\sum\limits_{i} f_i^r$。

3. 工程应用与分析

某直径 6.28m 盾构推进系统结构基本参数为：液压缸排布半径 $R = 2.85$m，液压缸组数 $N = 16$。根据盾构工作地质条件及盾构参数，可得系统工作外载参数见表 5-5。

表 5-5　盾构施工地质外载参数

外载参数	均值	离差
F_z^l/N	3.260×10^7	1.0×10^6
$M_x^l/\text{N} \cdot \text{m}$	-3.742×10^6	1.0×10^5
$M_y^l/\text{N} \cdot \text{m}$	0	1.5×10^5

优化前该盾构推进系统液压缸布局，如图 5.26 所示，布局参数为：$n_1 = 4$，$n_2 = 3$，$n_3 = 4$，$n_4 = 5$，$k_1 = 3$，$\theta = 0$。

将表 5-5 中的各外载参数和布局参数代入式（5-143）~式（5-149）得表 5-6 中所示的推进系统液压缸推力均值和离差的分布情况。

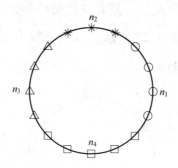

图 5.26　优化前推进系统液压缸布局

"○"—第一区液压缸　"*"—第二区液压缸

"△"—第三区液压缸　"□"—第四区液压缸

表 5-6　优化前推进系统液压缸推力均值和离差分布情况

区　间	优化前均值/N	优化前离差/N
第一区间	1.982×10^6	6.079×10^4
第二区间	1.879×10^6	6.128×10^4
第三区间	1.982×10^6	6.129×10^4
第四区间	2.221×10^6	6.081×10^4
相对偏差	6.24%	3.13%
总相对偏差	9.37%	

前面介绍了优化模型，下面将给出求解的步骤：

步骤 0：给定一组参数 k_1，n_1，n_2，n_3，n_4。

步骤 1：将给定的参数和表 5-5 中的参数代入式 (5-143) ~ 式 (5-149) 求得 $\delta_{总}(\theta)$。

步骤 2：在 $0 \leqslant \theta \leqslant 2\pi/N$ 区间内采用 Matlab 内的 fminbnd 函数求得 $\delta_{总}$ 最小值并赋予 $\delta_{总.\min}$。

步骤 3：转到步骤 0，给定另一组布局参数求得 $\delta_{总}$ 最小值并与上次求得的最小值比较，若最小值比 $\delta_{总.\min}$ 小，则将该值赋予 $\delta_{总.\min}$。

步骤 4：继续重复到步骤 0，直到把 k_1，n_1，n_2，n_3，n_4 所有的可能参数取遍。其中，本工程案例中参数有 1800 组。

步骤 5：求得最后的 $\delta_{\text{总min}}$，及对应的布局参数 k_1，n_1，n_2，n_3，n_4，θ。

优化后的布局，如图 5.27 所示，布局参数为：$n_1 = 3$，$n_2 = 5$，$n_3 = 5$，$n_4 = 3$，$k_1 = 3$，$\theta = 0.1941$。

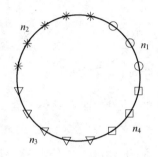

图 5.27 优化后推进系统液压缸布局

"○"—第一区液压缸　"*"—第二区液压缸

"△"—第三区液压缸　"□"—第四区液压缸

根据图 5.27 中优化后液压缸布局，可得与之对应的推进系统液压缸推力均值和离差分布情况，见表 5-7。

表 5-7　优化后推进系统液压缸推力均值和离差分布情况

区间	优化后均值/N	优化后离差/N
第一区间	1.969×10^6	6.129×10^4
第二区间	1.883×10^6	6.079×10^4
第三区间	2.192×10^6	6.080×10^4
第四区间	2.107×10^6	6.129×10^4
相对偏差	5.87%	0.35%
总相对偏差	6.22%	

比较表 5-6 和表 5-7 优化前后均值和离差分布情况可以知道：

1) 比较表 5-6 和表 5-7 中相对偏差与总相对偏差可以知道，优化后的总相对偏差与优化前相比减少了 3.15%。因此，优化后液压缸作用在管片上推力的均值和离差更趋均匀，便于保证管片的不被压溃。

2) 由于优化后的力值范围更加均匀，这有利于推进系统采用压力控制方式实现盾构姿态调整，保证掘进方向沿设计路线行进。

3）从液压缸布局比较来看，优化后对于操作人员的技术程度要求更高，在盾构进行水平和竖直方向纠偏时需要同时调节两或三区液压缸。

通过以上案例应用与分析可以知道：

1）采用优化模型分析后的液压缸推力均值和离差的总相对偏差与优化前相比减少了 3.15%，有利于避免由于一区液压缸推力过大而将管片压溃。

2）盾构掘进过程是通过对各区液压缸压力控制，实现盾构姿态调整的。利用该优化模型，可以为操作人员提供姿态调整压力均值和离差范围，避免盲目操作带来的掘进偏差。同时，该优化方法可为盾构自动控制系统的开发与设计提供理论基础。

3）优化模型具有通用性，可以由四区推广到更多区推进系统液压缸布局方案的优化设计。

5.5 复合地层下推进系统布局设计优化方法及应用

5.5.1 等差布局设计

推进系统力学模型中的式（2-18）~式（2-20）表明：当液压缸的所有布局参数满足某些特殊要求时，推进系统力椭圆偏心率将接近于零。这表明推进系统上每台液压缸施加的力是相等的，也即式（5-17）成立

$$\sum_{i=1}^{N} F_i + F_z = 0; \quad \sum_{i=1}^{N} F_i y_i + M_x = 0; \quad \sum_{i=1}^{N} F_i x_i - M_y = 0$$

$$F_1 = F_2 = \cdots = F_{N-1} = F_N = \frac{F_z}{N}$$

式（5-17）表明，每台液压缸所施加的推力 F_i 均相等。一方面，这将有效地保护推进系统后方的管片；另一方面，也可以节省大量能源。这也实现了盾构在掘进过程的安全施工和能量的高效利用。

根据第 5.1 节，假设所有的液压缸布局半径为 R，并且第 i 台液压缸对应布局相位角为 θ_i，然后方程式（2-19）和式（2-20）中的两个未知量 (x_i, y_i) 可以在下列函数式（5-150）和式（5-151）中引入方程式（5-17）来表示

$$\sum_{i=1}^{N} R\sin\theta_i = \frac{NM_x}{F_z} \qquad (5\text{-}150)$$

$$\sum_{i=1}^{N} R\cos\theta_i = -\frac{NM_y}{F_z} \qquad (5\text{-}151)$$

显然，从方程式（5-150）和式（5-151）只能解得两个未知数。这意味着，从上述方程式可以求解两个液压缸的两个相位角。一般来说，推进系统由液压缸组成，根据给定的条件，液压缸的数量将从 12 到几十个不等。由于外载荷的不确定性和盾构内部空间的有限性，需要尽可能多的液压缸，并且液压缸尽可能均匀地分布在盾构内部。为此，可以引入以下对称非均匀模型来获得液压缸的所有布局相位角。如图 5.28 所示，对称轴和 y 轴之

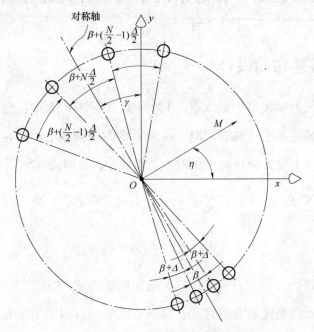

图 5.28 对称非均匀求解模型

间的角度是 γ，并且相邻液压缸的相位角差呈等差分布，公差为 Δ。因此，角度最小值是 β，最大值是 $(\beta + N \cdot \Delta/2)$。然后，只有三个未知数需要求解，并且下列方程可以从圆自身的几何关系中获得

$$N\beta + \frac{N^2 \cdot \Delta}{4} - 2\pi = 0 \tag{5-152}$$

根据对称非均匀求解模型图 5.28，将每个角度 θ_i 的表达式引入方程式 (5-150) 和式 (5-151)，可以导出以下方程式

$$R\sin\left(\frac{\beta}{2} + \frac{N\Delta}{4} + \gamma + \frac{\pi}{2}\right) + \cdots + R\sin\left(\frac{N\beta}{2} + \frac{N^2\Delta}{8} + \gamma + \frac{\pi}{2}\right) + \cdots +$$

$$R\sin\left[\left(N - \frac{1}{2}\right)\beta + \frac{N(N-1)}{4} + \gamma + \frac{\pi}{2}\right] = \frac{NM_x}{F_z}$$

$$\tag{5-153}$$

$$R\cos\left(\frac{\beta}{2} + \frac{N\Delta}{4} + \gamma + \frac{\pi}{2}\right) + \cdots + R\cos\left(\frac{N\beta}{2} + \frac{N^2\Delta}{8} + \gamma + \frac{\pi}{2}\right) + \cdots +$$

$$R\cos\left[\left(N - \frac{1}{2}\right)\beta + \frac{N(N-1)}{4} + \gamma + \frac{\pi}{2}\right] = -\frac{NM_y}{F_z}$$

$$\tag{5-154}$$

联立方程式 (5-152)，式 (5-153)，式 (5-154) 可以解得三个未知量 β，γ，Δ。γ 是第一个可以解出的未知量。联立方程式 (5-153) 和式 (5-154)，然后导出以下方程式

$$\left.\sum_{i=1}^{N} \cos\theta_i \middle/ \sum_{i=1}^{N} \sin\theta_i \right. = -\tan\phi \tag{5-155}$$

其中，$\tan\phi = \dfrac{M_y}{M_x}$。

根据三角变换，可以得到液压缸相位角与 ϕ 之间的表达式 (5-156)

$$\sum_{i=1}^{N} \cos(\theta_i - \phi) = 0 \tag{5-156}$$

基于图 5.27 中导出的方程式 (5-153) 和式 (5-154)，可以得到下列方程式

$$\sin\left(\frac{\beta}{2}+\frac{N\Delta}{4}+\frac{\pi}{2}\right)+\cdots+\sin\left(\frac{N\beta}{2}+\frac{N^2\Delta}{8}+\frac{\pi}{2}\right)+\cdots+ \\ \sin\left[\left(N-\frac{1}{2}\right)\beta+\frac{N(N-1)}{4}+\frac{\pi}{2}\right]=0 \tag{5-157}$$

$$\cos\left(\frac{\beta}{2}+\frac{N\Delta}{4}+\frac{\pi}{2}\right)+\cdots+\cos\left(\frac{N\beta}{2}+\frac{N^2\Delta}{8}+\frac{\pi}{2}\right)+\cdots+ \\ \cos\left[\left(N-\frac{1}{2}\right)\beta+\frac{N(N-1)}{4}+\frac{\pi}{2}\right]=0 \tag{5-158}$$

从方程式（5-155）~式（5-158），可以很容易地确定角度 γ

$$\gamma = \phi \tag{5-159}$$

如图 5.28 所示，M_y 和 M_x 的合外阻力矩为 M，力矩 M 与 x 轴之间的夹角为 η。基于方程式（5-157）与角 η 的关系，方程式（5-159）是明显成立。

$$\vec{M}_y + \vec{M}_x = \vec{M} \tag{5-160}$$

$$\tan(\gamma + 90°) \cdot \tan\eta = -1 \tag{5-161}$$

方程式（5-161）表明布局对称轴应垂直于合力矩 M。当 M_y 等于零且 M_x 不是零时，这被视为特殊情况，其中布局对称轴沿 y 轴重合，而力矩 M 的方向与 x 轴重合。这也表明，由于主机的重量以及壳体周围与外部地面之间的不均匀摩擦，在均匀地层中推进系统下部液压缸数量往往多于上部液压缸数量。实际上，在工程应用中已有成功案例，其中北京地铁 6 号线使用的 6.28m EPB 盾构就采用非均匀布局推进系统。

5.5.2 几何级数布局设计

如图 5.29 所示，每台液压缸的布局相位角可定义为液压缸中心轴线位置到布局中心点的连线与 Ox 轴所构成的夹角。式（2-18）~式（2-20）中的坐标位置（x_i, y_i）可由相位角 θ_i 和布局半径 R 表示

$$x_i = R\cos(\theta_i) \tag{5-162}$$

$$y_i = R\sin(\theta_i) \tag{5-163}$$

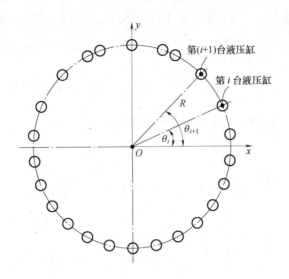

图 5.29 土压平衡盾构非等距推进系统

式中，R 表示推进系统液压缸的布局半径；θ_i 是第 i 台液压缸的相位角。

如图 5.30 所示，在 x 和 y 方向上的阻力矩 M_x 和 M_y 可以合成阻力矩

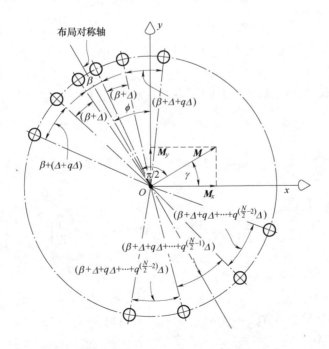

图 5.30 几何级数分布模型

M_r,其中方位角 r 是由阻力矩 M_r 和 x 轴构成的夹角。推进系统每台液压缸如图 5.23 所示沿着对称轴对称分布。在对称轴的任意一侧两相邻液压缸的相位角差为 $q^k\Delta$ $\left(K=1,2,\cdots,\dfrac{N}{2}-1\right)$,其中 q 是几何级数 $q^k\Delta$ 的公比。

结合等式(2-18)~式(2-20),式(5-162)和式(5-163),可以得到下列方程

$R\sin\left(0.5\beta+\phi+\dfrac{\pi}{2}\right)+R\sin\left(1.5\beta+\Delta+\phi+\dfrac{\pi}{2}\right)+\cdots+$

$R\sin\left[2.5\beta+(2+q)\Delta+\phi+\dfrac{\pi}{2}\right]+\cdots+$

$R\sin\left[(N-0.5)\beta+[N(1-q)+(q^{\frac{N}{2}}-1)/(q+1)]/(1-q)^2\Delta+\phi+\dfrac{\pi}{2}\right]$

$=NM_x/F_z$ \hfill (5-164)

$R\cos\left(0.5\beta+\phi+\dfrac{\pi}{2}\right)+R\cos\left(1.5\beta+\Delta+\phi+\dfrac{\pi}{2}\right)+\cdots+$

$R\cos\left[2.5\beta+(2+q)\Delta+\phi+\dfrac{\pi}{2}\right]+\cdots+$

$R\cos\left[(N-0.5)\beta+[N(1-q)+(q^{\frac{N}{2}}-1)/(q+1)]/(1-q)^2\Delta+\phi+\dfrac{\pi}{2}\right]$

$=-NM_y/F_z$ \hfill (5-165)

基于等式(5-164)和式(5-165),下列方程式(5-166)和式(5-167)能够得到

$\cos\left[0.5\beta+(\phi-\gamma)+\dfrac{\pi}{2}\right]+\cos\left[1.5\beta+\Delta+(\phi-\gamma)+\dfrac{\pi}{2}\right]+\cdots+$

$\cos\left[2.5\beta+(2+q)\Delta+(\phi-\gamma)+\dfrac{\pi}{2}\right]+\cdots+$

$\cos\left[(N-0.5)\beta+[N(1-q)+(q^{\frac{N}{2}}-1)/(q+1)]/(1-q)^2\Delta+(\phi-\gamma)+\dfrac{\pi}{2}\right]$

$=0$ \hfill (5-166)

$$\cos\left(0.5\beta + \frac{\pi}{2}\right) + \cos\left(1.5\beta + \Delta + \frac{\pi}{2}\right) + \cdots +$$

$$\cos\left[2.5\beta + (2+q)\Delta + \frac{\pi}{2}\right] + \cdots + \qquad (5\text{-}167)$$

$$\cos\left[(N-0.5)\beta + [N(1-q) + (q^{\frac{N}{2}} - 1)/(q+1)]/(1-q)^2 \Delta + \frac{\pi}{2}\right] = 0$$

比较方程式（5-166）和式（5-167），可以得到下述方程式（5-168）

$$\phi - \gamma = 0 \qquad (5\text{-}168)$$

公式（5-168）表明当外载 M_x 和 M_y 能够被计算出来时，可以对公式（5-164）和式（5-165）中的未知数 ϕ 进行求解。这也表明图 5.30 中的布局对称轴应该垂直于合外阻力矩 M_r。因此，在掘进过程中仅存在外载荷 M_x 时，y 轴即为布局对称轴并且分布的特点是底部液压缸数量通常比顶部液压缸数量多。等式（5-168）表明推进系统的布局是由特定工况条件下的外载荷决定，并且任何布局设计都应该对盾构所处工作条件具有一定的适应性。

当然，未知量 β 和 Δ 还不能仅从式（5-164）和式（5-165）中进行求解，基于圆中 β 与 Δ 的角度关系下述等式（5-169）可以得到

$$N\beta + [N(1-q) + (q^{\frac{N}{2}} - 1)/(q+1)]/(1-q)^2 \Delta - 2\pi = 0 \qquad (5\text{-}169)$$

显然，结合式（5-164）、式（5-165）和式（5-169），可以导出未知量 β 和 Δ。并且公比 q 也将直接影响 β 和 Δ 的值。通过式（5-169）可以发现，随着 q 的增加，Δ 将趋近于零。之后式（5-164）和式（5-165）可以被简化为

$$R\sin\left(0.5\beta + \phi + \frac{\pi}{2}\right) + R\sin\left(1.5\beta + \phi + \frac{\pi}{2}\right) + \cdots +$$

$$R\sin\left(2.5\beta + \phi + \frac{\pi}{2}\right) + \cdots +$$

$$R\sin\left[(N-0.5)\beta + q^{(\frac{N}{2}-1)}\Delta + \phi + \frac{\pi}{2}\right] = \frac{NM_x}{F_z} \qquad (5\text{-}170)$$

$$R\cos\left(0.5\beta + \phi + \frac{\pi}{2}\right) + R\cos\left(1.5\beta + \phi + \frac{\pi}{2}\right) + \cdots +$$

$$R\cos\left(2.5\beta + \phi + \frac{\pi}{2}\right) + \cdots + \tag{5-171}$$

$$R\cos\left[(N-0.5)\beta + q^{(\frac{N}{2}-1)}\Delta + \phi + \frac{\pi}{2}\right] = -\frac{NM_y}{F_z}$$

等式（5-170）和式（5-171）表明在图 5.30 所示的布局对称轴下，液压缸将通过相位角差 β 进行均匀对称分布。这也意味着为了减少作用于后方管片上的偏载，非均匀系统可以看成是均匀系统根据外部工况条件让某些液压缸不工作而得到的结果。

5.5.3 北京、石家庄等城市地铁隧道施工建设案例

直径为 6.15m 的 EPB 盾构主机的基本结构参数为 $r = 2.85$m，$N = 24$，$W = 300$t，$L = 9340$mm，机器的总长度约为 89m，总重量为 440t，如图 4.23 所示。W 和 L 分别代表主机的重量和长度。整个推进系统的液压缸伸长量为 2100mm。该盾构已成功应用于北京、石家庄等城市地铁隧道施工。

如图 5.31 所示，其中圆形符号表示均匀推进系统上每台液压缸的位置，在一般地质条件下，所有液压缸均匀分布并分成四区 A、B、C 和 D，这四区液压缸通过压力和速度单独控制。然而，从最近快速发展起来的地下勘探技术发现均匀布局推进系统将会面临更多复杂的地质条件，而在这些复杂的地质条件下均匀推进系统的适应性不是很理想。为了提高盾构的力传递性能，提出了非均匀推进系统，如前所述，中国已采用一台具有非均匀推进系统的 EPB 盾构成功修建了几条隧道。在盾构推进系统中，采用了如图 5.32 所示的液压缸布局形式，其中下部液压缸数量大于上部液压缸数量。

由 3.1.2 小节所述的四分区推进系统，所有液压缸都被分成 A、B、C 和 D 四区，连接布局中心与第 i 台液压缸中心轴线的直线和 x 轴正方向之

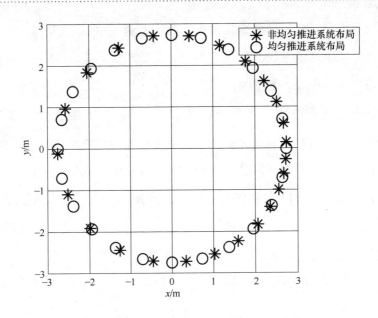

图 5.31 均匀系统和优化后非均匀系统

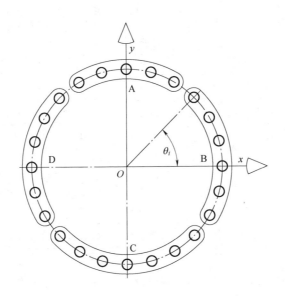

图 5.32 四分区系统

间的角度为 θ_i,其定义为相位角。对于盾构而言,考虑主盾构的重量因素,B 区与 D 区液压缸的数量为 6,C 区液压缸个数多于 A 区液压缸数目。由于机器自身重量，机器与地面之间的上部分摩擦比下部分要大。为此，推进系统下部液压缸数量比上部多2个，布局形式如图5.32所示。推进系统的所有相位角已在表5-8中列出。

假设盾构在某一地质条件下，其中F_z、M_x和M_y的变化范围分别为9.85~10MN、-955~-854kN·m和-5708~-5525kN·m。将地质条件的所有参数代入方程式（5-152）~式（5-154）中，未知量β、γ、Δ的解分别为0.1253、1.4111和0.0227。然后，将β、γ、Δ的值代入到推进系统所有液压缸的相位角θ_i，得到的θ_i值见表5-8。在图5.31中，星符号表示优化后推进系统的液压缸位置。从图5.31中可以看出，该布局已经根据掘进过程中产生的外部载荷和盾构的结构参数进行了调整。

表5-8 均匀系统和优化的不均匀系统的相位角

液压缸 i	相位角/rad		液压缸 i	相位角/rad		液压缸 i	相位角/rad	
	θ_i^1	θ_i^2		θ_i^1	θ_i^2		θ_i^1	θ_i^2
1	0	0.051	9	2.094	2.055	17	4.189	4.831
2	0.262	0.222	10	2.356	2.407	18	4.451	5.093
3	0.524	0.415	11	2.618	2.783	19	4.712	5.332
4	0.785	0.632	12	2.880	3.181	20	4.974	5.548
5	1.047	0.871	13	3.142	3.557	21	5.236	5.742
6	1.309	1.133	14	3.403	3.909	22	5.498	5.913
7	1.571	1.417	15	3.665	4.239	23	5.760	6.061
8	1.833	1.724	16	3.927	4.547	24	6.021	6.186

对于像隧道掘进机这样的大型机械，在研究初期很难从试验中获得数据。因此，虚拟样机技术是一种有效的验证方法。表5-8中两个系统的所有参数用于构建均匀系统图5.33a和非均匀系统图5.33b所示的虚拟样机模型。如图5.33所示，均匀系统与非均匀系统具有相同的24台液压缸，但液压缸布局参数不同。这两个系统将在上述相同地质条件下进行工作。

为了比较这两个系统之间的力传递性能,在 SolidWorks 中建立了两个推进系统的 3D 模型,在 ADAMS 中,通过输入相同工作地质条件下给定的参数来进行模拟仿真。如图 5.34 所示,外部荷载 M_x、M_y 和 F_z 在上述给定参数范围内随着盾构的掘进而不断变化。之后再将所有负载作用于均匀推进系统和优化的非均匀推进系统中。

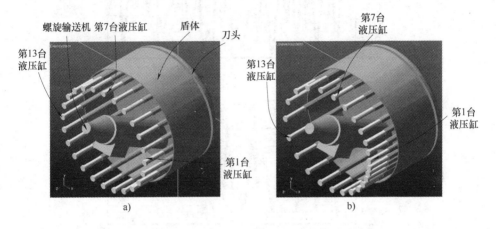

图 5.33　ADAMS 中均匀系统和优化后非均匀系统
a) 均匀系统　b) 优化后非均匀系统

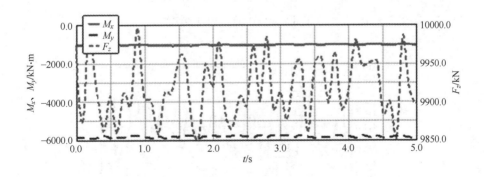

图 5.34　在 ADAMS 中两种系统的外部载荷

图 5.35、图 5.36 和图 5.37 分别显示了两个推进系统的第 1 台液压缸、第 7 台液压缸和第 13 台液压缸的数值和仿真结果。上述三幅图左侧显示的结果来自优化后的推进系统,右侧显示的结果来自均匀推进系统。从图中

可以看出，数值结果与仿真结果吻合较好。这也表明，数值力学模型与虚拟样机模型是一致的。换而言之，他们已经证明了彼此的准确性。

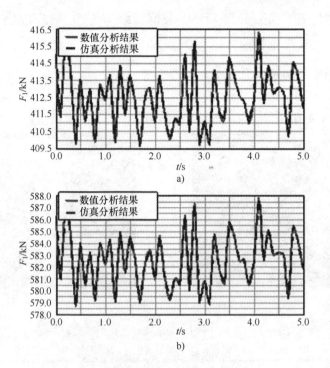

图 5.35 在两个系统中第 1 台液压缸的推力

a）优化后非均匀系统 b）均匀系统

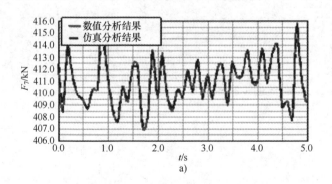

图 5.36 在两个系统中第 7 台液压缸的推力

a）优化后非均匀系统

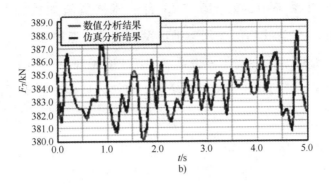

图 5.36 在两个系统中第 7 台液压缸的推力（续）

b) 均匀系统

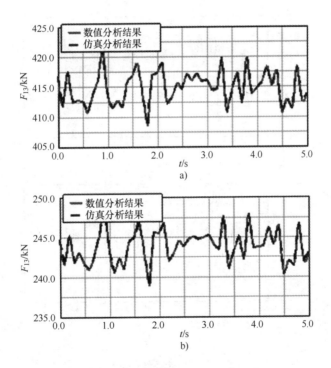

图 5.37 在两个系统中第 13 台液压缸的推力

a) 优化后非均匀系统　b) 均匀系统

在图 5.35～图 5.37 中，通过对两种不同布局推进系统中相同序号的液压缸所施加的力进行比较。很容易发现，与均匀推进系统相比，在优化后的非均匀推进系统中,第 1、7、13 台液压缸所施加的力几乎都等于 410kN,从这可知优化后的非均匀推进系统液压缸施加的推力会显得更加的均匀。图 5.35 显示在均匀推进系统中第 1 台液压缸的推力接近 600kN。这表明采用优化后的非均匀推进系统可以更有效地保护管片,并且能有效节约能源。

如图 5.38a 所示,优化后的非均匀系统的变异系数(CV)值在 0.0018 到 0.0075 之间变化,非常接近于零。然而,均匀系统的最大和最小 CV 值分别为 0.2999 和 0.2881。显然,均匀系统的 CV 值远大于优化的非均匀系统的 CV 值。

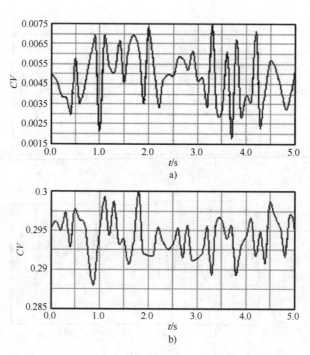

图 5.38 两个系统的 CV 值
a) 优化后非均匀系统 b) 均匀系统

这表明采用等差布局设计系统所施加的力相比均匀系统更加均匀。这将有利于保证隧道施工质量。因此,在此给定的地质条件下,优化后的非均匀系统将是一种优选方案。

5.5.4 德国杜塞尔多夫城市地铁隧道施工建设案例

Wehrhahn-Line（WHL）地铁位于德国杜塞尔多夫市中心，地铁路线连接"Bilk"地铁站和市中心东区的"Am Wehrhahn"地铁站。地铁隧道全长3.4km，分为南段（"Bilk"至"Heinrich-Heine-Allee"）、东段（"Heinrich-Heine-Allee"至"Am Wehrhahn"）及Kaufhof（Heinrich Heine-Allee）下的180m连接段。该工程南段的盾构工程于2010年3月开挖，东段于2011年4月开挖，并在2011年12月完成。南段和东段180m连接部分采用常规开挖施工，辅以冻结技术，该地铁为双线轨道。

1. 水文地质数据

杜塞尔多夫Wehrhahn-Line工程中的水文地质数据主要通过查阅现有文件和地质勘测方法得到，图5.39所示为WHL地铁隧道的地质环境，工程地下水位位于莱茵河下游第四纪砂砾石含水层中，水位的误差波动在2m到5m之间。

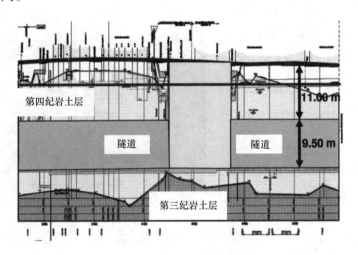

图5.39 WHL地铁工程地层图

隧道开挖主要集中在第四纪地质地层，该地层以砂砾为主，隧道距离地面约11m，隧道直径9.5m，工程路线大部分处于水位波动范围内，开挖工况为典型的富水砂砾工况。砂砾地层渗透性差，砂、卵石容易造成坍塌，盾构开挖过程中，地表沉降变形很难控制，盾构在含水量高、渗透系数大和流塑性差的砂砾地层中施工时，还会存在排土困难、施工扰动大、隧道开挖面稳定性控制问题，由摩擦阻力和大块鹅卵石带来的负载突增问题，以及刀具与输送机的磨损问题。具体地层分布特点见表5-9。

表5-9 WHL地铁工程工况

地层分布		特 点
A层	填充层	层厚2~3m，局部可达8m
B层	表层壤土（冲积洪水层）	主要为洪泛性壤土（粉砂、黏土），岩心沉积层厚度0.5~1.5m
C层	第四纪地层，砂砾石混合物	第四纪地质富水砂砾，小部分为粉砂和黏土，随着深度的增加，粗粒成分逐渐增多，在地表以下17~29m处向第三纪地层过渡
D层	第三纪地层细砂	多为微粉细砂、中砂至粉砂

2. 盾构数据

如图5.40所示，全程仅使用一台盾构进行开挖，盾构长10m，前盾直径9.6m，后盾直径9.46m（盾构从前盾到后盾存在梯形径向渐缩20mm），刀盘带有超挖装置，在开挖过程中可超挖15mm。推进系统液压缸布局直径为8.45m，包含有14对液压缸，分为A、B、C、D、E、F六个分区，如图5.41所示，每对液压缸的压力和长度可以单独调节。推进系统中第i对液压缸的位置用相位角θ_i表示。

图5.40 WHL地铁工程土压平衡盾构

该地铁隧道在开挖过程中，通过相关技术记录了大量数据，这些数据包括液压缸推力、减速轮的力矩、刀盘回转速度、盾构行进速度、护盾岩土压力、注浆压力以及由各种突发问题引起的警报错误。这些数据以每10s的间隔时间进行记录。

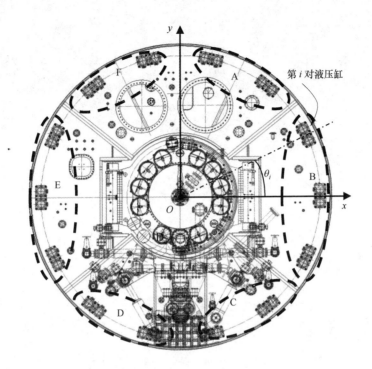

图 5.41　六分区推力系统在地铁施工中的应用

工程中每天大约有 170 万～350 万的累积数据点，以数据库的形式存储，本工程的数据和分析可用于验证更为复杂的模型，能够为下一工程的实施提供借鉴经验。

从该工程中选取其中 112 环（1.5m/环）六个分区的推力数据，如图 5.42 所示，结合每个分区的液压缸推力数据和液压缸位置，可以从公式（3-47）推导出 F_z、M_x 和 M_y 三个外部载荷的数值，求解结果如图 5.43 和图 5.44 所示。

3. 优化前分析

在第 3.2.3 小节中通过分析和证明，推进系统推力 CV 值可以用于衡量每一套推进系统的偏载程度和地层适应性。将每一个分区的推力代入式（3-90），可以得到推进系统优化前的 CV 值，如图 5.45 所示，其中均值为 0.342，最大值为 0.584，说明推进系统不同液压缸之间推力产生的偏载程

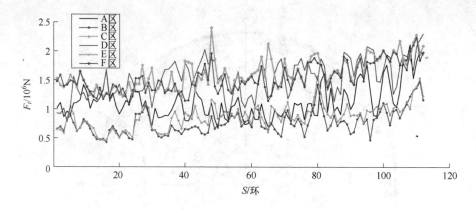

图5.42 六分区推进系统推力变化情况

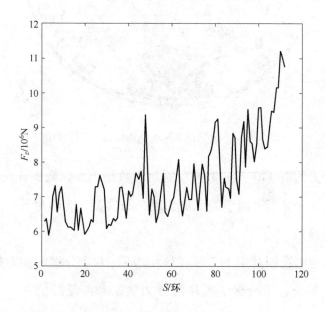

图5.43 外部阻力 F_z 变化情况

度高达60%。这表明在该地质条件下,均匀系统后段存在较大的不平衡载荷。

因此,根据图5.43和图5.44盾构受到的外部载荷,由5.5.2小节中几何级数相关的理论,将q在1~100的范围内取值并代入式(5-164)和式(5-165)中,随着q值地增加,β和Δ分别接近0.375和0,如图5.48和图5.49所示。结果表明,在该地质条件下,相邻相位角相差为0.375的

第5章 推进系统设计及应用

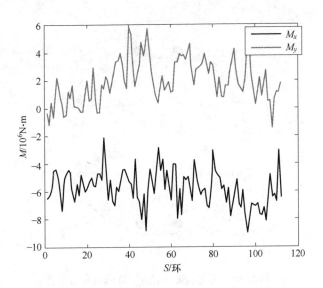

图 5.44 外部阻力矩 M_x 和 M_y 的变化情况

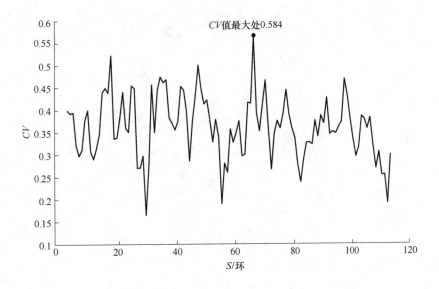

图 5.45 优化前推进系统 CV 值变化

几何级数非均匀布局系统可以实现推进系统的抗偏载效应,而这一布局设计可以视为相邻相位角差为 0.375 的均匀系统通过控制部分液压缸不工作或者局部非均匀化而得到。

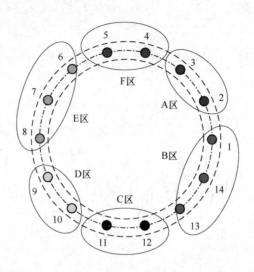

图 5.46 优化前每一对液压缸的布局和分组

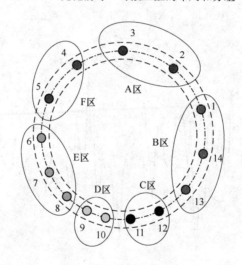

图 5.47 优化后每一对液压缸的布局和分组

这里选取的系数 q 为 1.5。将 $q=1.5$ 代入式（5-164）、式（5-165）和式（5-169），β、Δ 和 ϕ 分别等于 0.243、0.059 和 1.243，通过这三个系数，可以求解出在该复合地层下的最优对称几何级数布局，求解出来的结果见表 5-10，而优化前后推进系统液压缸的布局分别如图 5.46 和图 5.47 所示。

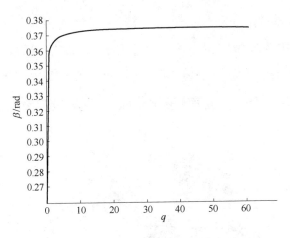

图 5.48　q 与 β 的关系曲线

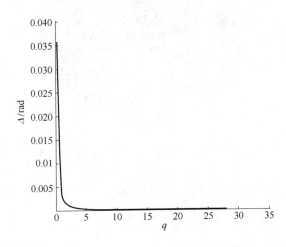

图 5.49　q 与 Δ 的关系曲线

表 5-10　优化前后每一对液压缸的角度

液压缸 i	液压缸弧度角 θ_i/rad		液压缸 i	液压缸弧度角 θ_i/rad	
	优化前	优化后		优化前	优化后
1	0	0.3200	8	3.14159	3.9620
2	0.44879	0.9160	9	3.59039	4.2637
3	0.89759	1.5709	10	4.03919	4.5064
4	1.34639	2.1668	11	4.48799	4.8080
5	1.79519	2.7040	12	4.93678	5.1685
6	2.24399	3.1822	13	5.38558	5.5879
7	2.69279	3.6016	14	5.83438	6.0661

4. 优化前后对比分析

基于上表中的液压缸相位角，通过 SolidWorks 绘制盾构模型，并将其导入到 ADAMS 中，如图 5.50 所示。虚拟样机和实际盾构推进系统一样，也将液压缸分为六个区，但每区液压缸布局是基于几何级数布局理论设计。

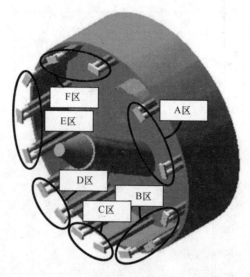

图 5.50 优化后的推进系统虚拟样机模型

将上述求解出的外部载荷导入 ADAMS 中，可以求解出六个分区的盾构推力，并将所得结果与数值分析结果进行对比。

通过图 5.46 和图 5.47 可以发现，B 区和 E 区的液压缸数量相等（具有 3 对液压缸），A 区、C 区、D 区和 F 区液压缸数量（具有 2 对液压缸），B 和 E 比 A、C、D 和 F 区液压缸数量多 1 对，其数量比值为 1.5。

从优化结果后的推力图 5.51 中，可以看出，B 区推力与 A 区推力之比为 1.5，这表明这套对称几何级数布局系统的推力分布性能优于均匀推进系统。

从仿真结果还可以求得优化后的系统 CV 值变化，如图 5.52 所示。可以发现，优化后对称几何级数布局推进系统 CV 值的均值为 0.0837，最大值为 0.1978，要远小于未优化前的均匀布局推进系统 CV 值，这也表明优

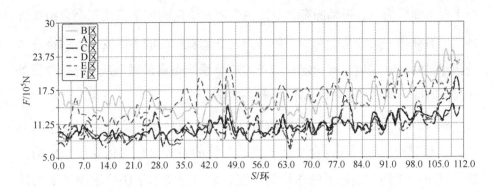

图 5.51　六区液压缸的推力

化后的推进系统偏载程度大大减小。该系统能较好地防止衬砌所受偏载的影响，避免其因应力集中而开裂。

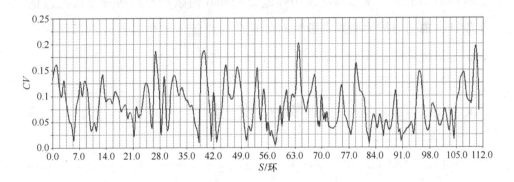

图 5.52　等比级数推进系统 CV 值

5.6　本章小结

本章首先从盾构推进系统结构方面的特性出发，对推进系统承载能力、变形和振动固有频率特性进行理论说明。承载能力表明当外部广义力分布在推进系统的特征线附近时，系统液压缸的顶推力分布就越均匀；变形特性表明无论推进系统如何布局，变形差将随着外载力矩 M_x 和 M_y 的增大而增大，当外部广义力满足给定布局下变形差树干椭圆柱面中心线方程时，该情况下变形差将为零；振动固有频率特性表明在给定刚度下系统三个自由度方向的固有频率一定在某个频率三角面内，且随着刚度的不断变化，当推进系统液压缸数目确定后，就一定有一条对应该系统布局的频率线，该频率线处于最大刚度频率三角面和最小刚度频率三角面之间。

在介绍完盾构推进系统的结构特性之后，结合第4章的力传递评估方法，本章对均匀地层和复合地层下推进系统的布局设计优化提出相应的方法，其中对于均匀地层下的非均匀系统，采用蒙特卡洛法搜索满足受力均匀准则条件的液压缸布局参数，再利用变形最小准则和避免共振准则对该布局参数进行评估；对于均匀地层下的均匀系统，采用基于力均方差最小的拉格朗日法和基于总相对偏差最小的二次优化法进行优化设计。复合地层条件下的推进系统布局则采用等差布局和几何级数布局两种方法进行优化设计，再通过推力变异系数法对优化前后系统的力传递特性进行评估比较，得出优化后系统 CV 值更小，力传递特性更优。

参 考 文 献

[1] DENG K, WANG H. Analysis of the carrying capacity of the propelling mechanism of tunneling machines [J]. Journal of Mechanical Science and Technology, 2015, 29（8）: 3343-3349.

[2] MIN R, HUANG J, ϕ6.34m EBP machine [J]. Building Construction, 2002（12）: 46-49.

[3] 地盘工学会. 盾构法的调查·设计·施工 [M]. 朱清山, 译. 北京：中国建筑工业出版社, 2008.

[4] 刘鸿文. 材料力学 [M]. 北京：高等教育出版社, 1992.

[5] 赵素兰. 超静定杆系结构的变形谐调条件 [J]. 内蒙古电大学刊, 2004（5）: 69-70.

[6] 范钦珊. 工程力学教程 [M]. 北京：高等教育出版社, 1998.

[7] 王林鸿, 吴波, 杜润生, 等. 液压缸运动的非线性动态特征 [J]. 机械工程学报, 2007, 43（12）: 12-19.

[8] 土木学会. 隧道标准规范（盾构篇）及解说 [M]. 中国建筑工业出版社, 2001.

[9] DENG K, ZHANG X, YANG J, et al. Deformation characteristics under variable stiffness for the propelling mechanism of EPB shield machines in mixed ground [J]. Journal of Mechanical Science and Technology, 2014, 28 (9): 3679-3685.

[10] 王洪新, 傅德明. 土压平衡盾构掘进的数学物理模型及各参数间关系研究 [J]. 土木工程学报, 2006, 39 (9): 86-90.

[11] 邓孔书, 唐晓强, 王立平, 等. 土压平衡式液压盾构推进系统的非线性动力学建模及分析 [J]. 高技术通讯, 2009, 19 (12): 1305-1309.

[12] 朱石坚, 何琳. 船舶机械振动控制 [M]. 北京: 国防工业出版社, 2006.

[13] TSE F S, MORSE I E, HINKLE R T. Mechanical Vibrations Theory and Applications [M]. Boston: Allyn and Bacon, 1978.

[14] 阎以诵, 靳晓雄. 工程机械动力学 [M]. 上海: 同济大学出版社, 1986.

[15] 夏季, 曾国英, 刘继光, 等. 三维振动强化抛光振动台固有振动动力学建模与分析 [J]. 振动与冲击, 2004, 23 (4): 12-17.

[16] 闻邦椿, 刘树英, 陈照波, 等. 机械振动理论及应用 [M]. 北京: 高等教育出版社, 2009.

[17] RICHARD S V. Matrix Iterative Analysis [M]. Berlin: Springer, 2006.

[18] 同济大学数学系. 线性代数 [M]. 北京: 清华大学出版社, 2007.

[19] 王振信. 盾构法隧道的耐久性 [J]. 地下工程与隧道, 2002 (2): 2-5.

[20] 竺维彬, 鞠世健. 盾构隧道管片开裂的原因及相应对策 [J]. 现代隧道技术, 2003, 40 (1): 21-25.

[21] DENG K, HUANG J, WANG H. Layout optimization of non-equidistant arrangement for thrust systems in shield machines [J]. Automation in Construction, 2015, 49: 135-141.

[22] 吴远忠. 盾构中折装置在小半径转弯施工中的应用 [J]. 建筑施工, 2005, 27 (7): 34-35.

[23] TEMPORAL J, SNOWDON R A. The effect of hydraulic stiffness on tunnel machine performance [J]. Tunnels & Tunnelling, 1982 (10): 11-13.

[24] SNOWDON R A, RYLEY M D, TEMPORAL J, et al. The effect of hydraulic stiffness on tunnel boring machine performance [J]. International Journal of Rock Mechanics and Min-

ing Sciences & Geomechanics Abstracts, 1983, 21 (1): 203-214.

[25] 陈奎生. 液压系统的共振现象及其处理 [J]. 液压与气动, 1995 (4): 23-25.

[26] 丁立民, 王巍, 王闯. 某型飞机轴向柱塞泵性能分析 [J]. 飞机设计, 2005 (4): 42-46.

[27] 吕建中, 庄欠伟. ϕ14.87m 盾构液压推进系统分析 [J]. 筑路机械与施工机械化, 2008, 25 (7): 75-77.

[28] 邓孔书, 唐晓强, 王立平, 等. 随机载荷下盾构推进系统液压缸布局优化 [J]. 清华大学学报（自然科学版）, 2010 (8): 1248-1252.

[29] 苏健行, 龚国芳, 杨华勇. 土压平衡盾构掘进总推力的计算与试验研究 [J]. 工程机械, 2008, 39 (1): 13-16.

[30] 白志富, 梁辉, 陈五一. 冗余并联机构的内力及应用 [J]. 机械设计与研究, 2006, 22 (4): 13-16.

[31] 宋克志. 泥岩砂岩交互地层越江隧道盾构掘进效能研究 [D]. 北京: 北京交通大学, 2005.

[32] 郭书祥. 非随机不确定结构的可靠性方法和优化设计研究 [D]. 西安: 西北工业大学, 2002.

[33] 张志涌. 精通 MATLAB 6.5 版 [M]. 北京: 北京航空航天大学出版社, 2003.

[34] 龚纯, 王正林. 精通 MATLAB 最优化计算 [M]. 北京: 电子工业出版社, 2009.

[35] DENG K, YIN Z, MENG B, et al. A load-balancing-oriented symmetrical uneven layout design for thrust system in tunneling machines under composite ground [J]. Journal of Mechanical Engineering Science, 2019, 233 (8) 2847-285.

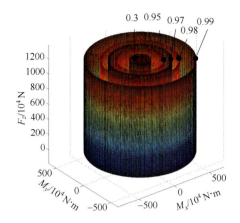

图 4.1 第一套均匀推进系统偏心率"树干"模型

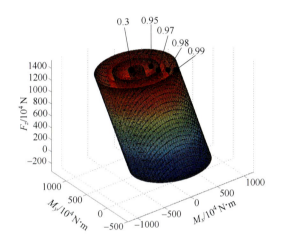

图 4.2 第二套非均匀推进系统偏心率"树干"模型

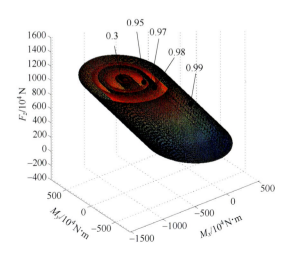

图 4.3 第三套非均匀推进系统偏心率"树干"模型

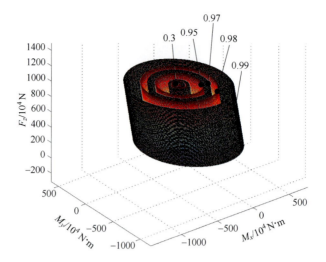

图 4.4　第四套非均匀推进系统偏心率"树干"模型

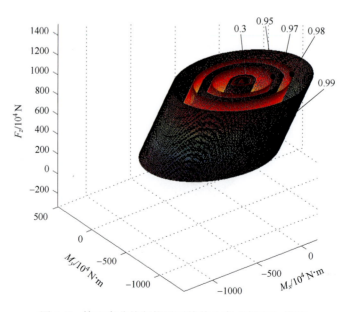

图 4.5　第五套非均匀推进系统偏心率"树干"模型

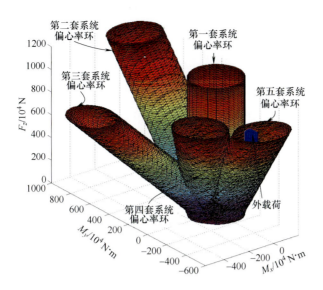

图 4.6　偏心率为 0.3 的五套推进系统偏心率圆柱环与外载荷的变化关系

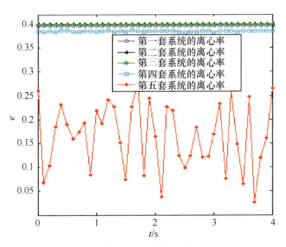

图 4.12　五套推进系统偏心率变化情况

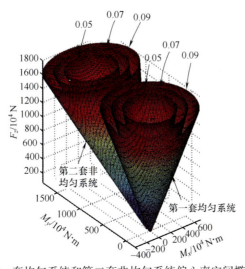

图 4.13　第一套均匀系统和第二套非均匀系统偏心率空间椭圆锥面模型

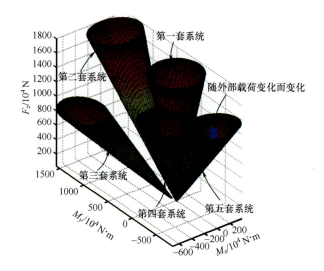

图 4.14 偏心率为 0.05 时五套系统和外部载荷的变化关系

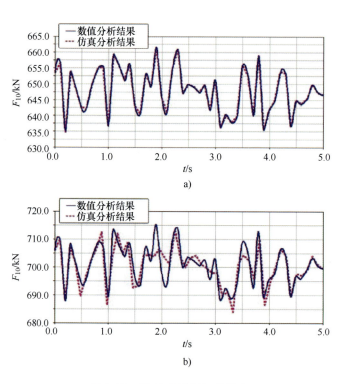

图 4.29 第 10 台液压缸的推力
a）均匀推进系统　b）非均匀推进系统

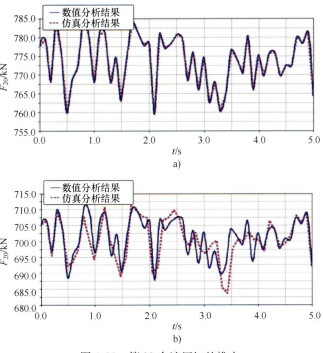

图 4.30 第 20 台液压缸的推力

a) 均匀推进系统　b) 非均匀推进系统

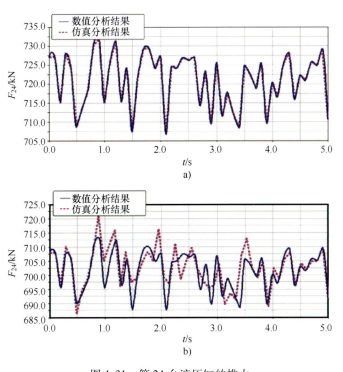

图 4.31 第 24 台液压缸的推力

a) 均匀推进系统　b) 非均匀推进系统

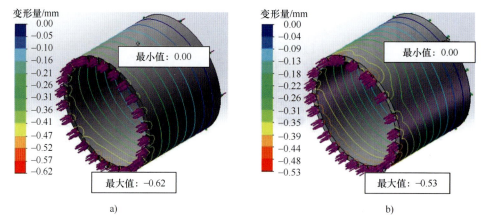

图 4.33 在 $t=1.4\mathrm{s}$ 时管片的变形示意图
a) 均匀推进系统　b) 非均匀推进系统

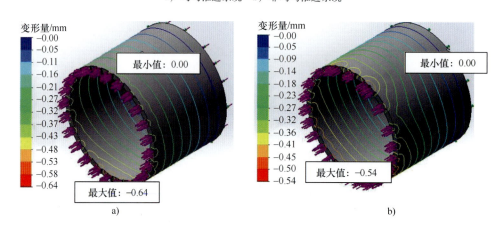

图 4.34 在 $t=4.3\mathrm{s}$ 时管片的变形示意图
a) 均匀推进系统　b) 非均匀推进系统

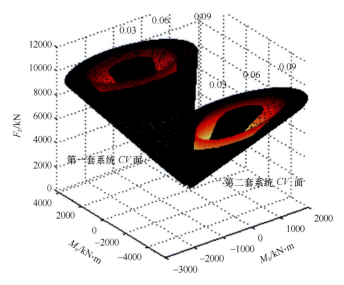

图 4.35 两套推进系统的 CV 表面族

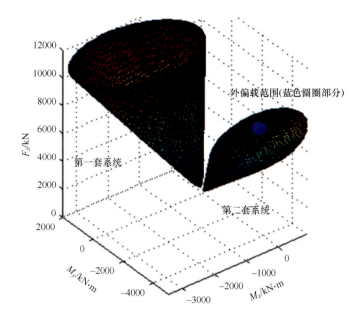

图 4.36　CV 值等于 0.08 的两套推进系统

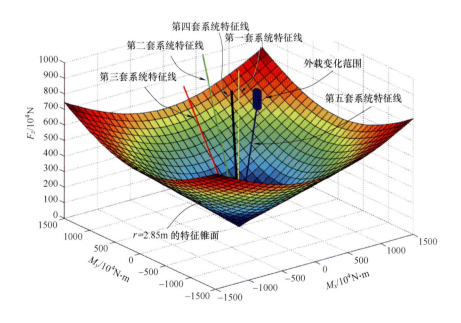

图 5.7　五套不同布局推进系统特征锥面和特征线

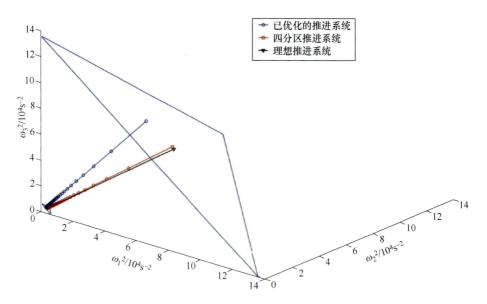

图 5.23　优化后系统、四分区系统和理想系统频率线

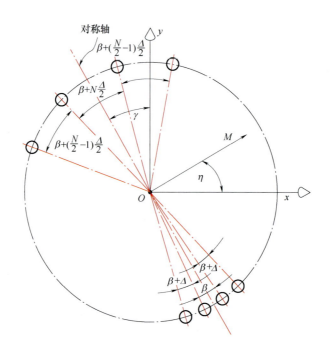

图 5.28　对称非均匀求解模型

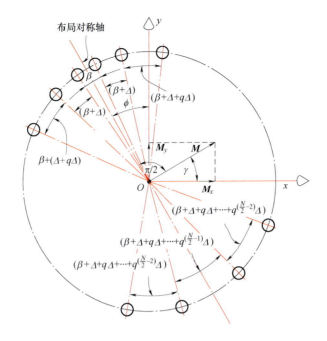

图 5.30 几何级数分布模型

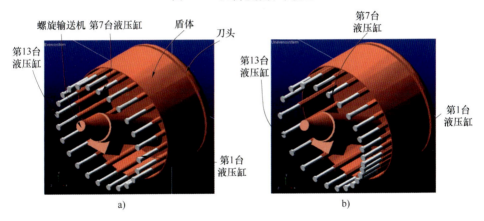

图 5.33 ADAMS 中均匀系统和优化后非均匀系统
a) 均匀系统 b) 优化后非均匀系统

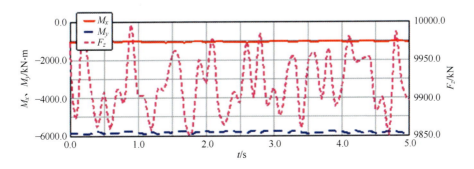

图 5.34 在 ADAMS 中两种系统的外部载荷

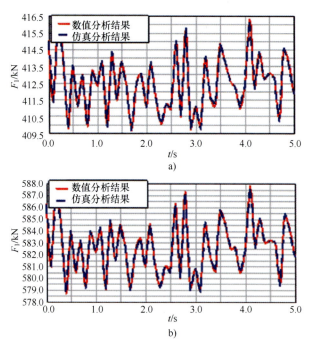

图 5.35 在两个系统中第 1 台液压缸的推力
a) 优化后非均匀系统 b) 均匀系统

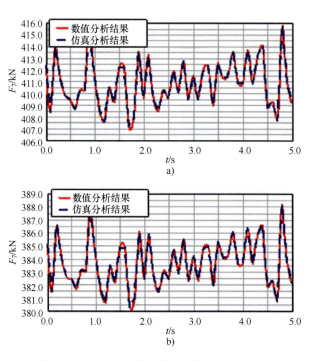

图 5.36 在两个系统中第 7 台液压缸的推力
a) 优化后非均匀系统 b) 均匀系统

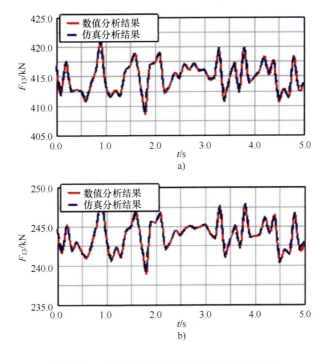

图 5.37 在两个系统中第 13 台液压缸的推力
a) 优化后非均匀系统 b) 均匀系统

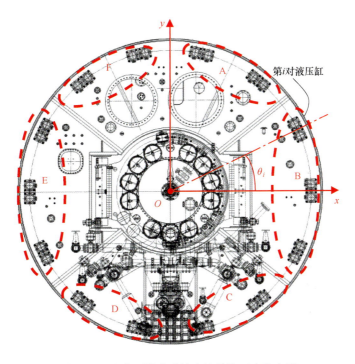

图 5.41 六分区推力系统在地铁施工中的应用

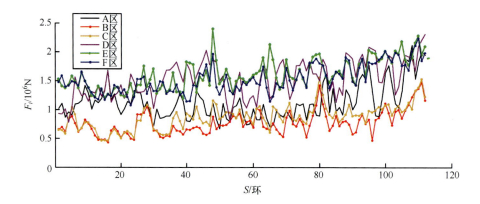

图 5.42 六分区推进系统推力变化情况

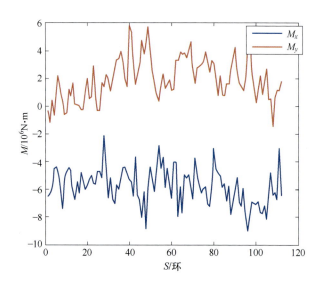

图 5.44 外部阻力矩 M_x 和 M_y 的变化情况

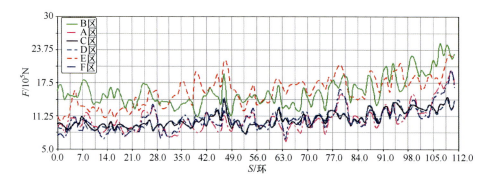

图 5.51 六区液压缸的推力